조합이 즐겁다!
코바늘 뜨개질의
패치워크 크로셰
Patchwork Crochet

마피아싱글하우스

Contents

Basic·Point Lesson >> p.36~38   코바늘 뜨개질의 기초 >> p.76~79
이 책에서 사용한 실 >> p.39   기타 기초 index >> p.79

블랭킷 >> p.4

탈부착 넥칼라 >> p.6

룸 슈즈 >> p.7

쿠션 >> p.8

가방A >> p.10

가방B >> p.11

티 매트 >> p.12

멀티 케이스 >> p.13

머플러 >> p.14

미니 러그 >> p.16

미니 러그 >> p.17

삼각형 모티브 Triangle △

>> p.19 >> p.20 >> p.21 >> p.22

사각형 모티브 Square □

>> p.23 >> p.24 >> p.25 >> p.26 >> p.27

직사각형 모티브 Rectangle ▭

>> p.28 >> p.29 >> p.30 >> p.31

육각형 모티브 Hexagon ⬡

>> p.32 >> p.33

>> p.34 >> p.35

블랭킷

△ + □ + ⬡

사용 모티브 >> 11, 25, 39
How to >> p.40

테두리의 곡선이 멋스러운 블랭킷.
삼각형과 사각형에 비침무늬가 들어 있어서
무거운 느낌이 들지 않는 디자인입니다.

Design & Making • 도요히데 간나

탈부착 넥칼라

△ + □

사용 모티브 >> 11, 25
How to >> p.48

p.4 블랭킷의 모티브로 만든 넥칼라.
같은 모티브라도 실이나 모티브 연결법을 바꾸면
다채로운 아이템을 만들 수 있습니다.

Design & Making • 도요히데 간나

룸 슈즈

사용 모티브 >> 21
How to >> p.50

사각형 모티브를 1종류만 사용해서 만든 룸 슈즈.
A를 5/0호, B를 6/0호 코바늘로 떠서
사이즈도 손쉽게 조절했습니다.
다양한 모티브로 응용할 수 있는 아이템입니다.

Design & Making • 오카 마리코

쿠션

△ + □ + ▭

사용 모티브 >> 7,8,9,10,19,20,21,22,27,28
How to >> p.49

앞뒤로 10종류의 모티브를 사용하여 만든 쿠션.
취향에 따라 색을 바꾸거나 모티브 종류를 줄여서
어레인지를 즐길 수도 있답니다.

Design & Making • 오카 마리코

가방 A

△ + □ + □

사용 모티브 >> 1, 2, 13, 14, 36, 37
How to >> p.42

매력적이고 개성 넘치는 이 가방은 패션 포인트로 제격!
단색으로 뜨면 차분한 분위기를 연출할 수 있습니다.

Design & Making • 가마타 에미코

가방 B

사용 모티브 >> 41
How to >> p.44

육각형 모티브를 연결하여 뜬 가방은
간단하면서도 귀여움이 돋보이는 아이템.
입체적인 꽃이 포인트입니다.

Design & Making • 엔도 히로미

티 매트

△ + ⬡

사용 모티브 >> 3, 40
How to >> p.51

티타임을 더욱 즐겁게 해주는 티 매트.
삼각형이나 육각형만 단독으로 뜨면
티 매트와 세트인 코스터를 만들 수 있습니다.

Design • 오카모토 게이코 Making • 미야자키 미쓰코

멀티 케이스

△ + ▭

사용 모티브 >> 4, 5, 6, 35
How to >> p.46

다양한 사이즈의 멀티 케이스.
용도에 맞게 모티브 개수를 조절하여 떠보세요.

Design • 오카모토 게이코   Making • 미야자키 미쓰코

머플러

□ + □

사용 모티브 >>
15, 16, 17, 18, 31, 32, 33, 34
How to >> p.52

아란무늬, 배색무늬뜨기와
입체 모티브의 만남.
8가지 모티브의 색상을 바꿔 만들었습니다.
감상하는 부분에 따라 다양한 표정을
보여주는 머플러로 패셔너블한 코디를
완성해보세요.

Design & Making • 가와이 마유미

미니 러그

□ + ▭

사용 모티브 >> 23, 24, 29, 30
How to >> p.53

B

링뜨기와 구슬뜨기를 떠 넣어 입체감이 돋보이는 미니 러그.
여름 실을 사용하면 시원한 느낌의 러그도 만들 수 있어요.

Design & Making • 이케가미 마이

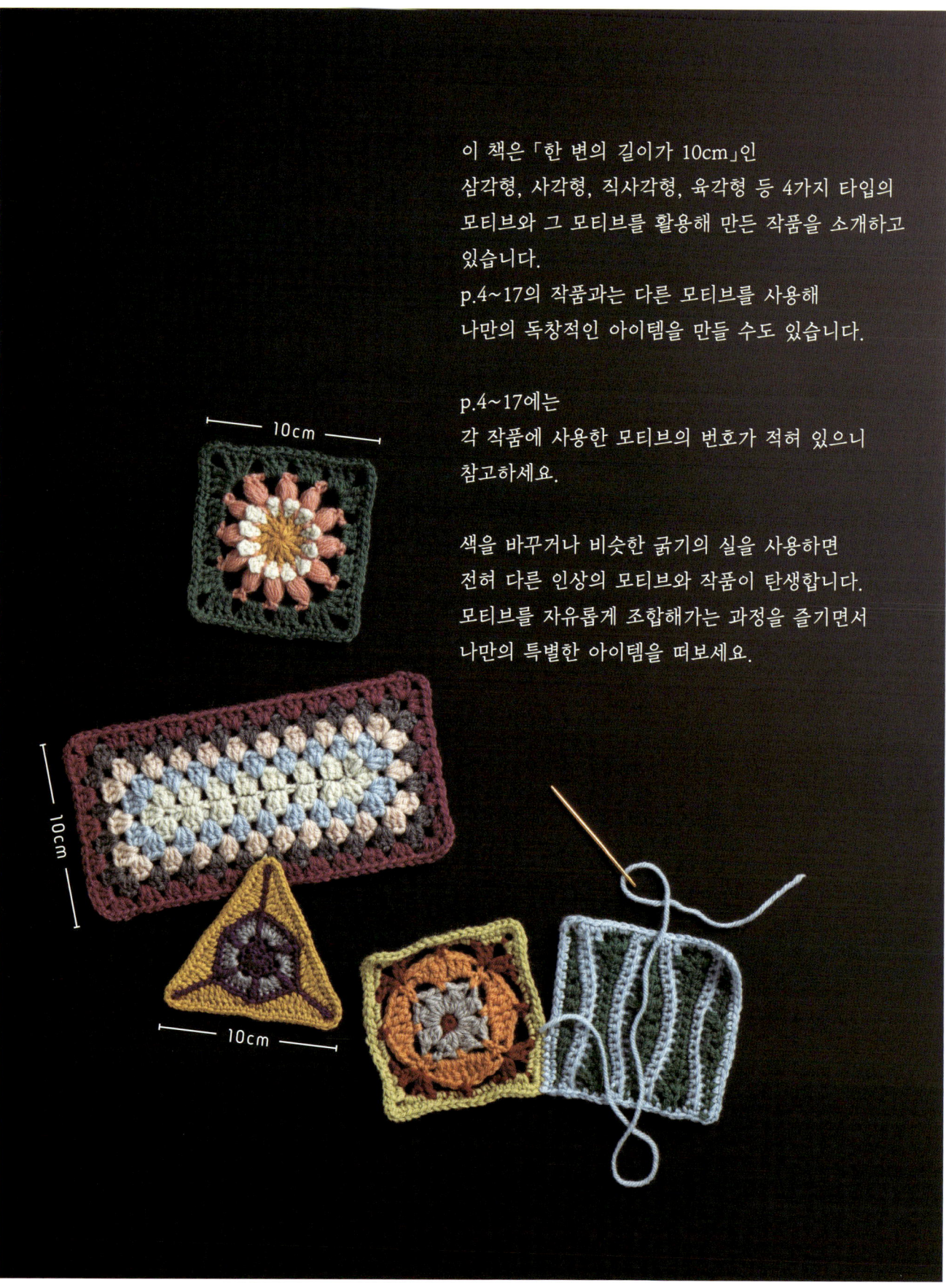

이 책은 「한 변의 길이가 10cm」인
삼각형, 사각형, 직사각형, 육각형 등 4가지 타입의
모티브와 그 모티브를 활용해 만든 작품을 소개하고
있습니다.
p.4~17의 작품과는 다른 모티브를 사용해
나만의 독창적인 아이템을 만들 수도 있습니다.

p.4~17에는
각 작품에 사용한 모티브의 번호가 적혀 있으니
참고하세요.

색을 바꾸거나 비슷한 굵기의 실을 사용하면
전혀 다른 인상의 모티브와 작품이 탄생합니다.
모티브를 자유롭게 조합해가는 과정을 즐기면서
나만의 특별한 아이템을 떠보세요.

삼각형 모티브

Triangle

Triangle △

1

2

3

How to >> 1,2 / p.54　3 / p.55

Design & Making • 1,2 / 가마타 에미코
3 / Design • 오카모토 게이코　Making • 미야자키 미쓰코

How to >> 4／p.55　5,6／p.56　　　　Design ● 오카모토 게이코　Making ● 미야자키 미쓰코

Triangle △

How to >> 7,8 / p.57   9 / p.58

Design & Making • 오카 마리코

△ Triangle

10

11

12

How to >> 10／p.58　11,12／p.59

Design & Making •
10／오카 마리코　11,12／도요히데 간나

사각형 모티브

Square

Square ☐

13

14

15

How to >> 13,15 / p.60   14 / p.61

Design & Making •
13,14 / 가마타 에미코   15 / 가와이 마유미

16

17

18

How to >> 16／p.61　17,18／p.62

Design & Making • 가와이 마유미

Square

19

20

21

How to >> 19,20／p.63 21／p.64

Design & Making • 오카 마리코

22

23

24

How to >> 22／p.64　23,24／p.65　　　Design & Making • 22／오카 마리코　23,24／이케가미 마이

Square

25

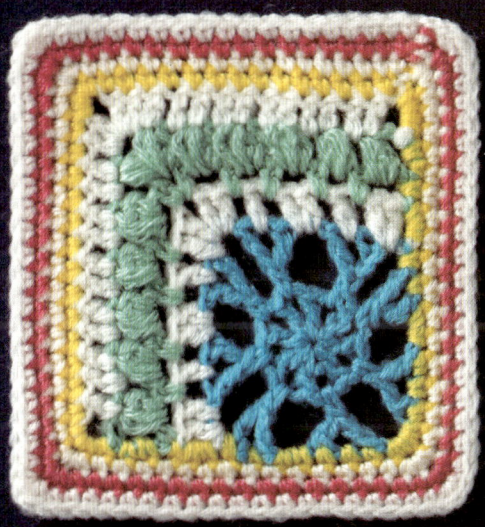

26

How to >> 25,26 / p.66

Design & Making • 도요히데 간나

직사각형 모티브
Rectangle

27

28

How to >> 27,28 / p.67

Design & Making • 오카 마리코

Rectangle

29

30

31   32

How to >> 31,32／p.69

Design & Making • 가와이 마유미

Rectangle

33

34

How to >> 33,34 / p.70

Design & Making • 가와이 마유미

35

36

How to >> 35,36／p.71

Design & Making ●
35 / Design ● 오카모토 게이코 Making ● 미야자키 미쓰코 36 / 가마타 에미코

Rectangle

37

38

How to >> 37,38 / p.72

Design & Making • 37 / 가마타 에미코 38 / chicorii

육각형 모티브
Hexagon

39

How to >> 39／p.73

Design & Making • 도요히데 간나

Hexagon

40

41

How to >> 40／p.74　41／p.75　40 / Design ● 오카모토 게이코 Making ● 미야자키 미쓰코　41 / 엔도 히로미

Design & Making ●

35

Basic Lesson 기초 레슨

콧수가 다른 경우의 휘감아 잇기 (콧수를 세어 균등하게 휘감는 방법)

○ 콧수 계산 방법

사각형 모티브 21코
삼각형 모티브 27코인 경우

27−21 = 6
6+1 = 7
21÷7 = 3

사각형 모티브는 3코마다,
삼각형 모티브는 2코만큼
휘감는다.

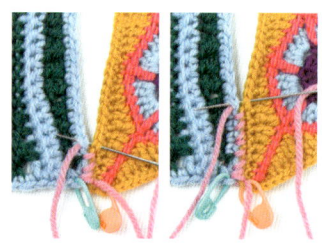

1 왼쪽에 적힌 계산대로 사각형 모티브의 셋째 코와 삼각형 모티브의 셋째·넷째 코를 휘감는다. 사각형 모티브 셋째 코에 2코만큼 휘감고 있는 모습.

2 계속해서 끝까지 휘감는다. 콧수가 다른 모티브인데도 균등하게 휘감을 수 있다.

콧수를 세지 않고 핀을 꽂은 상태에서 휘감을 경우에는…
콧수를 세지 않고 휘감을 경우에는 시침핀을 몇 군데에 꽂아놓고 균등한 분량이 되도록 끝까지 휘감는다.

Point Lesson 작품별 포인트

2 의 모티브 4단 뜨는 법
Photo >> p.19   How to >> p.54

1 4단의 사슬 1코와 짧은뜨기 5코를 뜨고나면 화살표 위치에 바늘을 넣는다 (왼쪽 사진). 바늘을 넣어 두길긴뜨기를 뜬다(오른쪽 사진).

2 두길긴뜨기를 뜬 모습(왼쪽 사진). 이어서 사슬 6코를 뜬다(오른쪽 사진).

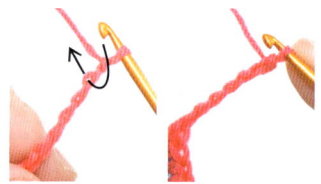

3 기둥코가 될 사슬 1코를 뜬 뒤 사슬 뒷산에 빼뜨기를 뜬다(왼쪽 사진). 빼뜨기를 1코 뜬 모습(오른쪽 사진).

4 빼뜨기를 6코 뜨고 나면 화살표의 두길긴뜨기 2가닥을 주워서 빼뜨기를 뜬다(왼쪽 사진).
바늘을 넣은 상태(오른쪽 사진).

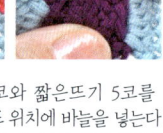 

5 빼뜨기를 뜬 모습(왼쪽 사진). 뜨개 도안대로 떠서 4단을 완성한다 (오른쪽 사진).

6 5단을 떠서 모티브2를 완성한 모습.

3 의 모티브 5단 뜨는 법
Photo >> p.19   How to >> p.55

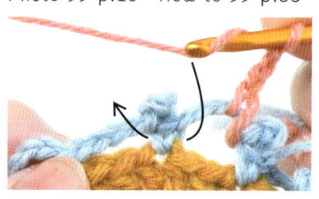

1 5단의 사슬 4코를 뜨고 나면 앞단의 짧은뜨기를 화살표처럼 다발로 주워서 한길긴뜨기 앞걸어뜨기를 뜬다.

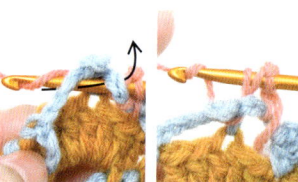

2 바늘을 넣어(왼쪽 사진) 실을 빼낸다 (오른쪽 사진).

19 의 모티브 4단 뜨는 법
Photo >> p.25   How to >> p.63

3 한길긴뜨기 앞걸어뜨기를 1코 뜬 모습.

4 뜨개 도안대로 떠 나간다.

5 5단을 떠서 모티브3을 완성한 모습.

1 기둥코가 될 사슬을 3코 뜨고 나면 앞단의 사슬 2코를 화살표처럼 다발로 주워서 한길긴뜨기를 뜬다.

2 바늘을 넣어(왼쪽 사진) 한길긴뜨기를 1코 뜬 모습(오른쪽 사진).

3 바늘에 실을 걸고 한길긴뜨기를 2코 더 뜬다.

4 한길긴뜨기를 3코 다 뜨고 나면 앞단의 사슬 3코를 화살표처럼 다발로 주워서 짧은뜨기를 뜬다.

5 바늘을 넣어(왼쪽 사진) 짧은뜨기를 1코 뜬 모습(오른쪽 사진).

22 의 모티브 4단 뜨는 법
Photo >> p.26　How to >> p.64

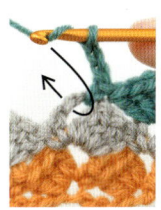

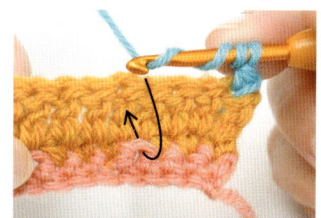

6 이어서 기둥코가 될 사슬을 3코 뜬 뒤 1·4처럼 화살표 위치에 한길긴뜨기를 뜬다(왼쪽 사진). 한길긴뜨기를 1코 뜬 모습(오른쪽 사진).

7 한길긴뜨기 3코를 모두 뜬 상태.

8 4~7을 반복하여 3단을 완성한 모습.

1 4단의 기둥코가 될 사슬 1코와 짧은뜨기 1코를 뜨고 나면 바늘에 실을 건 뒤 1단의 사슬 부분에 화살표처럼 바늘을 넣어 세길긴뜨기를 뜬다.

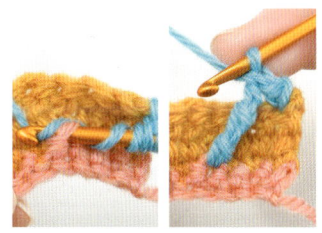
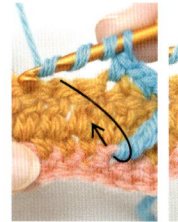

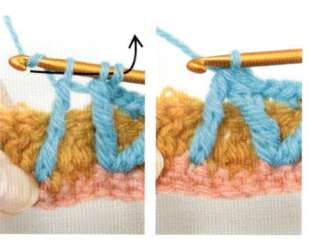

2 바늘을 넣은 상태(왼쪽 사진). 세길긴뜨기를 뜬 모습(오른쪽 사진).

3 이어서 짧은뜨기·사슬뜨기·짧은뜨기를 뜬 뒤 2와 같은 곳에 미완성의 세길긴뜨기를 뜬다(왼쪽 사진). 미완성의 세길긴뜨기를 뜬 모습(오른쪽 사진).

4 계속해서 바늘에 실을 건 뒤 화살표 위치에 바늘을 넣어 미완성의 세길긴뜨기를 뜬다.

5 바늘 끝에 실을 걸어 화살표처럼 한꺼번에 빼낸다(왼쪽 사진). 세길긴뜨기 2코 모아뜨기를 다 뜬 모습.

24 의 모티브 링뜨기 뜨는 법
Photo >> p.26　How to >> p.65

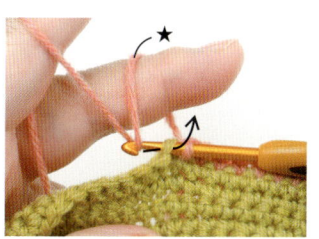
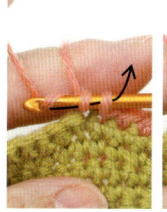
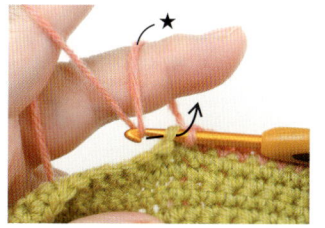

6 뜨개 도안대로 떠서 4단을 완성한 모습.

1 뜨개바탕의 안쪽을 보며 뜬다. 앞단의 코에 바늘을 넣은 뒤 왼손 중지를 실 위에 둔 상태에서 화살표처럼 바늘에 실을 건다.

2 중지에 건 실을 화살표처럼 끌어낸다. 이때, 실을 건 정도(★)를 균등하게 하는 것이 포인트.

3 다시 실을 걸어서 빼낸다(왼쪽 사진). 짧은 링뜨기를 뜬 모습(오른쪽 사진). 중지를 빼면 뒤쪽에 링이 생긴다.

27 의 모티브  뜨는 법
Photo >> p.28   How to >> p.67

4 중지에 실을 거는 정도를 균등하게 해서 링의 길이를 가지런히 맞춘다.

1 ●의 위치에 순서대로 바늘을 넣어 실을 끌어내도록 한다.

2 1에 바늘을 넣어(왼쪽 사진) 실을 끌어낸 상태(오른쪽 사진).

3 2에 바늘을 넣어(왼쪽 사진) 실을 끌어낸 상태(오른쪽 사진).

4 3에 바늘을 넣어(왼쪽 사진) 실을 끌어낸 상태(오른쪽 사진).

5 고리 3개가 걸려 있는 바늘에 실을 걸어(왼쪽 사진) 한꺼번에 빼낸다(오른쪽 사진). 를 다 뜬 모습.

6 이어서 짧은뜨기를 3코 뜬 뒤 1~5와 같은 방법으로 화살표 위치에 순서대로 바늘을 넣어 실을 끌어내도록 한다(왼쪽 사진). 실을 끌어낸 상태(오른쪽 사진). 1~5는 3코였지만 여기서는 2코 끌어낸다.

7 2코를 한꺼번에 빼낸다(왼쪽 사진). 뜨개 도안대로 떠 나간다(오른쪽 사진).

34 의 모티브 뜨는 법
Photo >> p.31   How to >> p.70

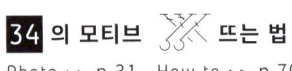
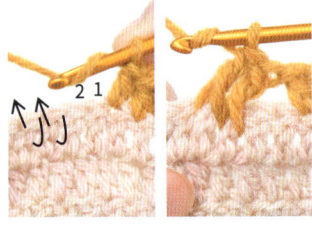
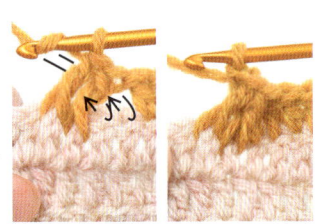

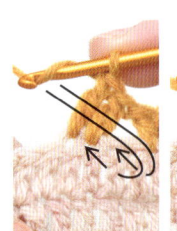

1 2코 건너뛴 뒤 화살표 위치에 한길긴뜨기 앞걸어뜨기를 2코 뜬다(왼쪽 사진). 다 뜬 모습(오른쪽 사진).

2 계속해서 바늘에 실을 건 뒤 건너뛰었던 코에 화살표처럼 바늘을 넣어 한길긴뜨기를 2코 뜬다(왼쪽 사진). 완성한 모습(오른쪽 사진).

34 의 모티브 뜨는 법
Photo >> p.31   How to >> p.70

1 2코 건너뛴 뒤 화살표 위치에 한길긴뜨기를 2코 뜬다(왼쪽 사진). 다 뜬 모습(오른쪽 사진).

2 계속해서 바늘에 실을 건 뒤 건너뛰었던 코에 화살표처럼 바늘을 넣어 한길긴뜨기 앞걸어뜨기를 2코 뜬다(왼쪽 사진). 완성한 모습(오른쪽 사진).

34 의 모티브 뜨는 법
Photo >> p.31   How to >> p.70

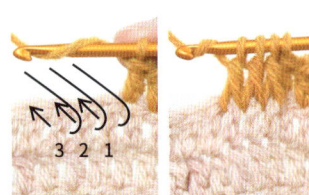
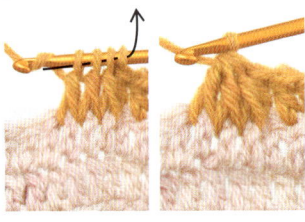

1 바늘에 실을 건 뒤 화살표 위치에 순서대로 바늘을 넣어(왼쪽 사진) 미완성의 한길긴뜨기 앞걸어뜨기를 뜬다(오른쪽 사진).

2 바늘에 실을 걸어 화살표처럼 한꺼번에 빼낸다(왼쪽 사진). 완성한 모습(오른쪽 사진).

34 의 모티브 뜨는 법
Photo >> p.31   How to >> p.70

1 바늘에 실을 건 뒤 화살표 위치에 바늘을 넣어(왼쪽 사진) 한길긴뜨기 앞걸어뜨기를 1코 뜬다(오른쪽 사진). 같은 방법으로 2번 더 반복한다.

2 둘째 코를 뜬 모습(왼쪽 사진). 셋째 코까지 다 뜬 모습(오른쪽 사진).

이 책에서 사용한 실

사진은 실물 크기

● 1~14는 모두 왼쪽부터 재질→구성→실 길이→색상 수→알맞은 바늘 순으로 표시했습니다.
● 색상 수는 2022년 12월 기준입니다.
● 인쇄물이므로 색상이 다소 다를 수 있습니다.

하마나카 주식회사

1 피콜로(Piccolo)
아크릴 100%, 25g 1볼, 약 90cm, 53색, 코바늘 4/0호

2 소노모노《합태사》(Sonomono)
울 100%, 40g 1볼, 약 120cm, 5색, 코바늘 4/0호

3 아메리(Amerry)
울 70%(뉴질랜드 메리노)·아크릴 30%, 40g 1볼, 약 110m, 52색, 코바늘 5/0호~6/0호

4 아메리 F《합태사》(Amerry F)
울 70%(뉴질랜드 메리노)·아크릴 30%, 30g 1볼, 약 130m, 28색, 코바늘 4/0호

요코타 주식회사·다루마DARUMA

5 클래식 트위드(Classic Tweed)
울 100%, 40g 1볼, 약 55m, 9색, 코바늘 8/0호~9/0호

6 둘시안 합세사 모헤어(Dulcian Wool DK)
모헤어 100%, 25g 1볼, 약 130m, 22색, 코바늘 3/0호~4/0호

7 원모에 가까운 메리노 울(GENMOU)
울 100%(메리노), 30g 1볼, 약 91m, 20색, 코바늘 7/0호~7.5/0호

8 셔틀랜드 울(Shetland Wool)
울 100%(셔틀랜드 울), 50g 1볼, 약 136m, 14색, 코바늘 6/0호~7/0호

9 공기를 섞어 만든 울 알파카(Airly Wool Alpaca)
울 80%(메리노)·알파카 20%(로열 베이비 알파카), 30g 1볼, 약 100m, 13색, 코바늘 6/0호~7/0호

10 울 모헤어(Wool Mohair)
모헤어 56%(키드 모헤어 36%·슈퍼 키드 모헤어 20%)·울 44%(메리노), 20g 1볼, 약 46m, 14색, 코바늘 9/0호~10/0호

11 긱(GEEK)
울 56%·폴리에스테르 30%·알파카 14%, 30g 1볼, 약 70m, 9색, 코바늘 9/0호~10/0호

12 이로이로(iroiro)
울 100%, 20g 1볼, 약 70m, 50색, 코바늘 4/0호~5/0호

13 소프트 램(Soft Lambs)
아크릴 60%·울 40%(램스 울), 30g 1볼, 약 103m, 32색, 코바늘 5/0호~6/0호

14 랑부예 메리노 울(Rambouillet Merino Wool)
울 100%(랑부예 메리노 울), 50g 1볼, 약 145m, 9색, 코바늘 5/0호~7/0호

블랭킷

Photo >> p.4   사용 모티브 >> 11, 25, 39

【실】
하마나카 소노모노《합태사》/
차콜(5)…160g, 에크루(1)…140g
하마나카 아메리 F《합태사》/
메리골드 옐로(503)…20g, 핑크(505)·
민트 그린(517)·로열 블루(527)…각 18g

【바늘】
코바늘 4/0호

【완성 치수】
도안 참조

【뜨는 방법】
1. 모티브는 A를 4장, B-3을 8장, B-1·2·4를 각 7장, C-1을 30장, C-2를 12장 뜬다.
2. 도안을 참조하여 모티브를 배치한 뒤 **전체 코 휘감아 잇기**로 연결한다.
3. 모티브를 연결한 둘레에 **테두리뜨기**를 4단 뜬다.

B-3 8장   B-1, B-2, B-4 각 7장
「p.66의 **25**」의 뜨개 도안을 참조해서 뜬다

배색표

단수	B-1	B-2	B-3	B-4
10	차콜			
8·9	핑크	로열 블루	메리골드 옐로	민트 그린
7	차콜			
5·6	핑크	로열 블루	메리골드 옐로	민트 그린
3·4	차콜			
1·2	핑크	로열 블루	메리골드 옐로	민트 그린

A 4장
「p.73의 **39**」의 뜨개 도안을 참조해서 뜬다

배색표

단수	색상명
11	차콜
9·10	에크루
7·8	차콜
5·6	에크루
3·4	차콜
1·2	에크루

C-1 30장   C-2 12장
「p.59의 **11**」의 뜨개 도안을 참조해서 뜬다

배색표

C-1	C-2
에크루	차콜

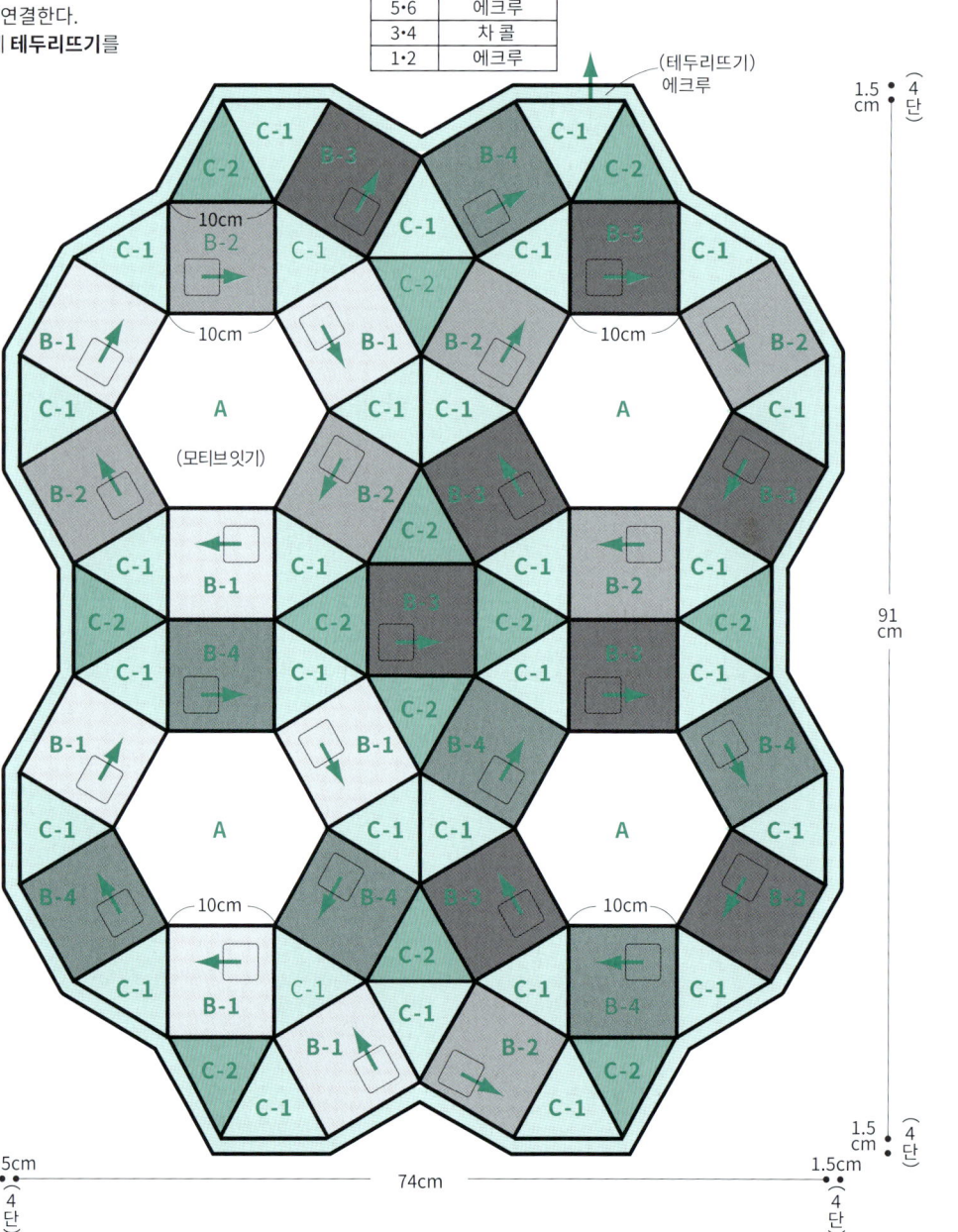

(테두리뜨기) 에크루
(모티브잇기)
74cm
91cm
1.5cm 4단

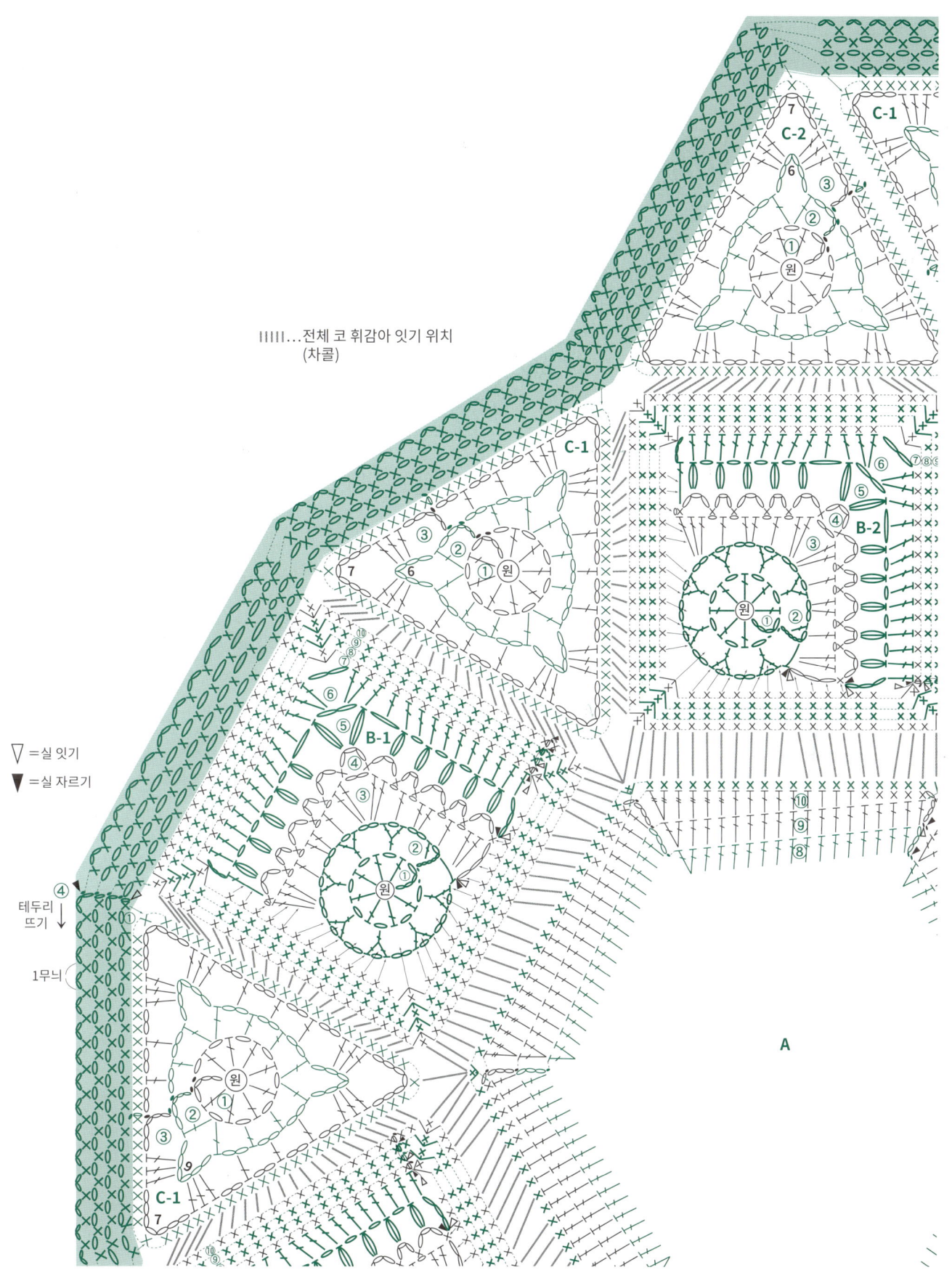

가방 A Photo >> p.10

사용 모티브 >> 1, 2, 13, 14, 36, 37

【실】
다루마 소프트 램 /
터쿼이즈 그린(41)…30g, 바닐라(8)…25g, 시나몬(14)…15g,
그레이프(30)・레드(35)・스카이 블루(37)…각10g, 에크루(2)・
라일락(29)…각 5g, 스모크 블루(32)…2g, 체리(34)…소량
이로이로 /
브라우니(11)…30g, 그린 티(27)…20g, 피콕(16)…15g,
브릭(8)…2g
【바늘】
코바늘 4/0호・5/0호・6/0호
【완성 치수】
도안 참조

【뜨는 방법】
1 모티브는 A를 4장, B를 6장, C~F 각 2장을 뜬다.
2 도안을 참조해서 모티브를 배치한 뒤 **전체 코 휘감아 잇기**로 연결한다.
3 가방 입구에 빙 둘러 **테두리뜨기**를 4단 뜬다.
4 손잡이는 도안을 참조해서 2개 뜬다. 본체 지정 위치의 안쪽에 꿰매어 단다.

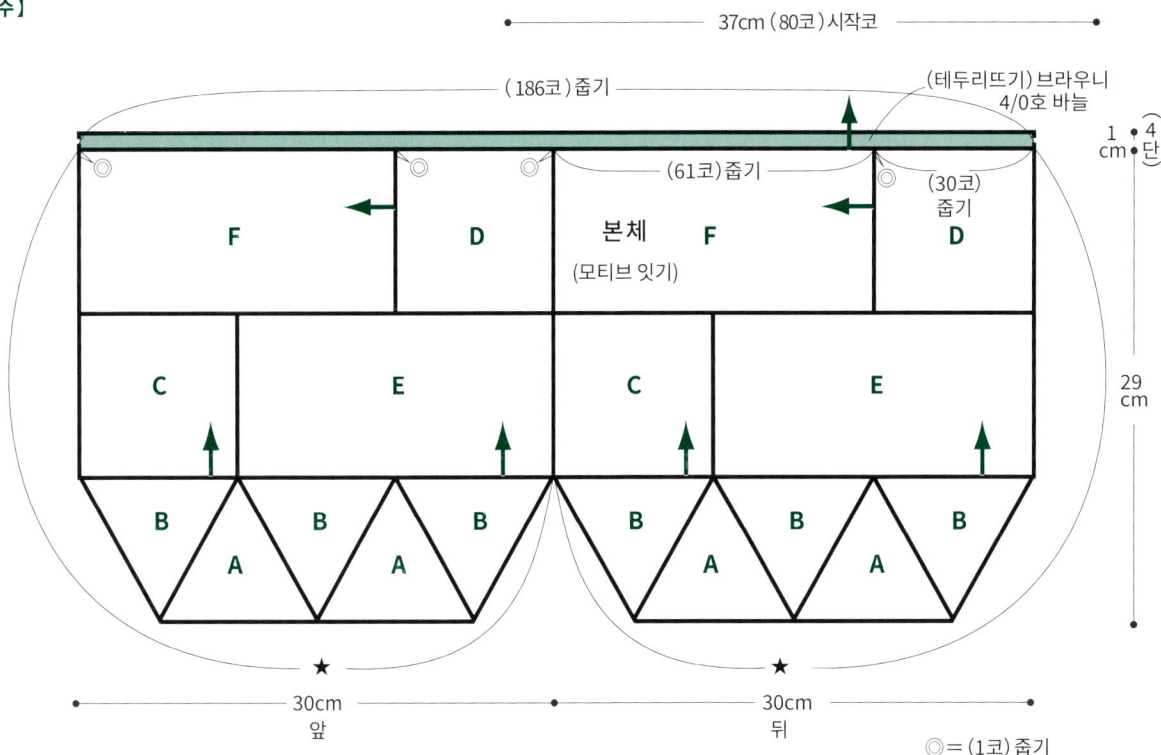

※ 모티브는 인접하고 있는 모티브와 맞춤 표시가 있는 모티브끼리 **전체 코 휘감아 잇기**로 연결한다.

◎ = (1코) 줍기
(휘감아 잇기 위치)

---

p.46에 이어서

뜨개구슬 (단추용)

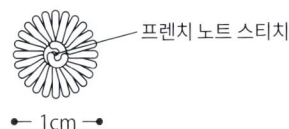
프렌치 노트 스티치
← 1cm →

① 사슬 3코로 원형을 만든 뒤 짧은뜨기 10코를 떠 넣는다.
② 짧은뜨기의 바깥쪽 반 코에 실을 통과시켜 조이고, 안쪽으로 실을 정리한다.
③ 중심에 프렌치 노트 스티치(3번 감기)를 한다.

프렌치 노트 스티치

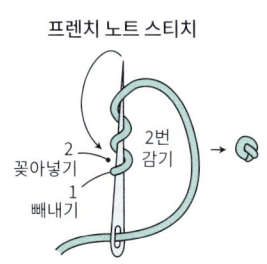

손잡이

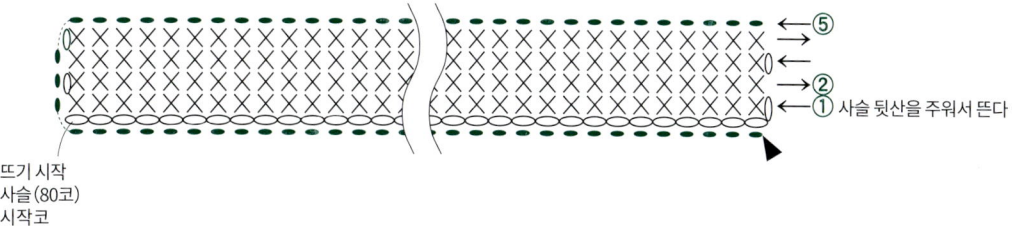

뜨기 시작 사슬(80코) 시작코

① 사슬 뒷산을 주워서 뜨다
②
⑤

▽ = 실잇기
▼ = 실자르기

테두리뜨기

① 안쪽 면부터 뜨기 시작한다
②
④

A 4장
「p.54의 **1**」의 뜨개 도안을 참조하여 뜨다

배색표

단수	색상명
5·6	스카이 블루
4	라일락
3	스카이 블루
1·2	라일락

B 6장
「p.54의 **2**」의 뜨개 도안을 참조하여 뜨다

배색표

단수	색상명
5·6	시나몬
3·4	그레이프
1·2	에크루

마무리하는 법

손잡이는 본체 안쪽에 꿰매어 단다
22cm
본체

C 2장
그린 티
「p.61의 **14**」의 뜨개 도안을 참조하여 뜨다

D 2장
「p.60의 **13**」의 뜨개 도안을 참조하여 뜨다

배색표

	색상명
	브라우니
	브릭
	피콕

E 2장
「p.71의 **36**」의 뜨개 도안을 참조하여 뜨다

배색표

	색상명
	레드
	바닐라

F 2장
「p.72의 **37**」의 뜨개 도안을 참조하여 뜨다

배색표

	색상명
감는 실	체리
본체	터쿼이즈 그린

가방 B Photo >> p.11

사용 모티브 >> 41

【실】
하마나카 아메리 /
와인 (19)…100g, 내츄럴 화이트 (20)
…20g, 레몬 옐로 (25)•라일락 (42)•
넛맥 (49)…각 15g

【바늘】
코바늘 5/0호

【완성 치수】
도안 참조

【뜨는 방법】
1 모티브는 7장 뜬다.
2 도안을 참조하여 모티브를 배치한 뒤 **반 코 휘감아 잇기**로 연결한다.
3 **테두리뜨기**는 위쪽 입구에 빙 둘러 2단 뜬다.
4 손잡이①, ②는 지정 위치에서 코를 주워 각각 **한길긴뜨기**로 뜬다. 뜨기 끝부분끼리 각각 빼뜨기로 연결한다. 손잡이의 양 끝을 안쪽에서 빼뜨기한다.

※모티브는 인접하고 있는 모티브와 맞춤 표시가 있는 모티브끼리 **반 코 휘감아 잇기**로 연결한다.

※손잡이는 뜨기 끝부분끼리 맞대어놓고 코의 뒤쪽 1가닥씩을 주워서 빼낸다.
손잡이가 늘어나지 않도록 손잡이의 양 끝에서 1코 들어간 곳에 안쪽으로 빼뜨기한다
(1단에 2코씩 빼낸다).

모티브 7장
「p.75의 **41**」의 뜨개 도안을 참조하여 뜬다

배색표

단수	색상명
11	내츄럴 화이트
10	넛맥
7•8•9	와인
6	내츄럴 화이트
5	라일락
2•3•4	레몬 옐로
1	넛맥

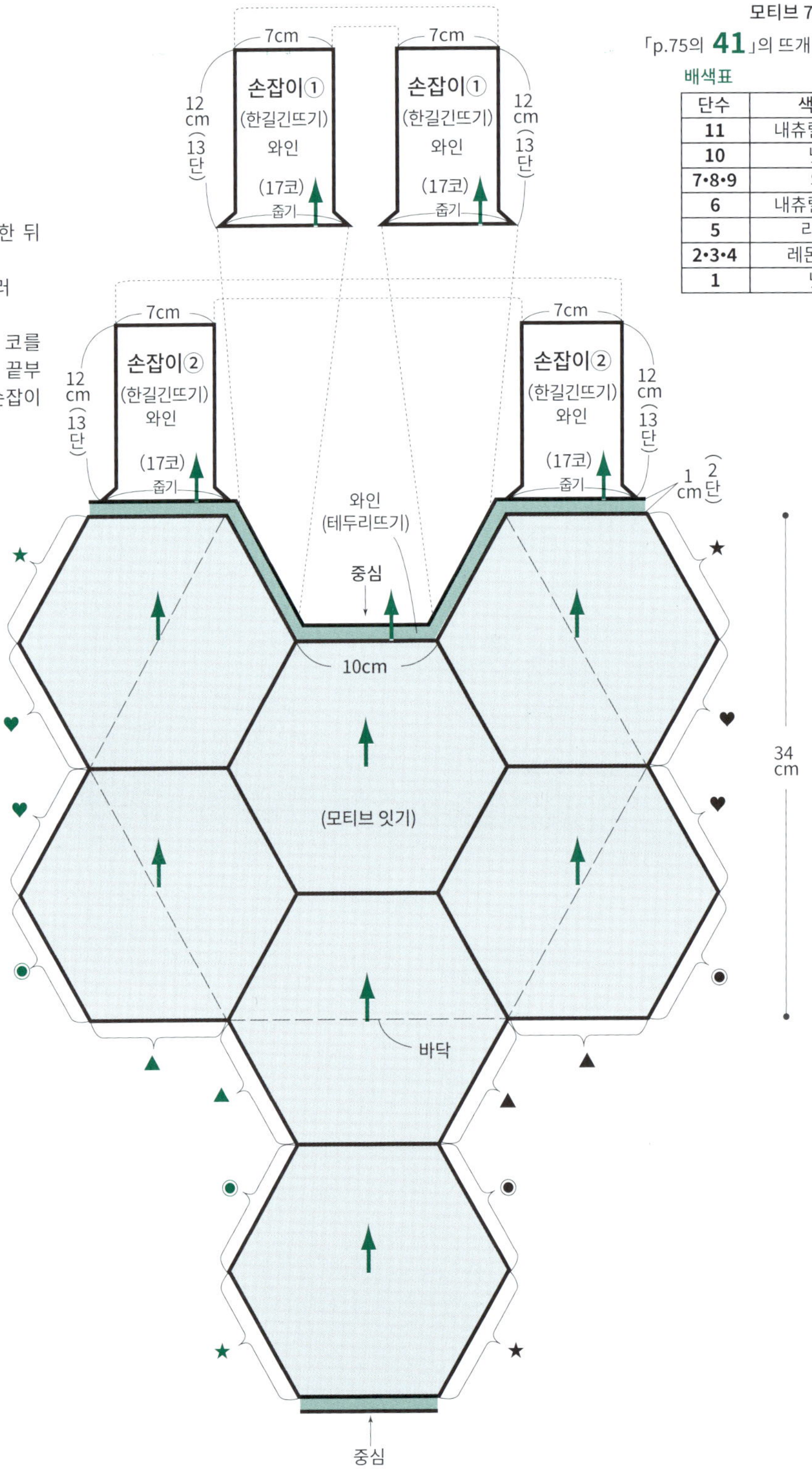

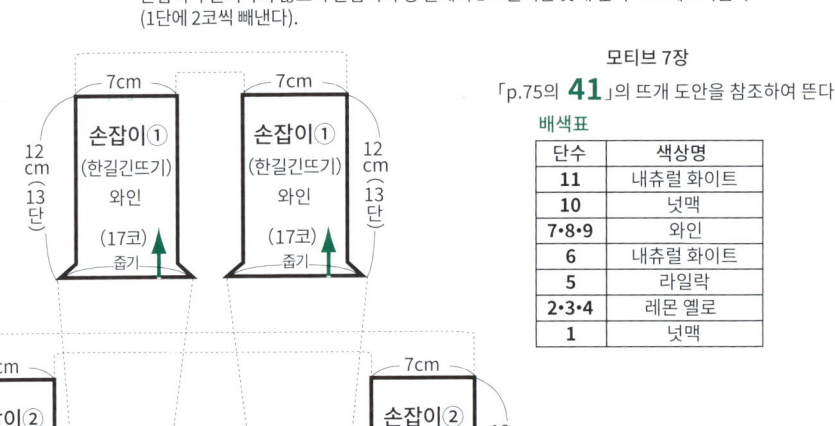

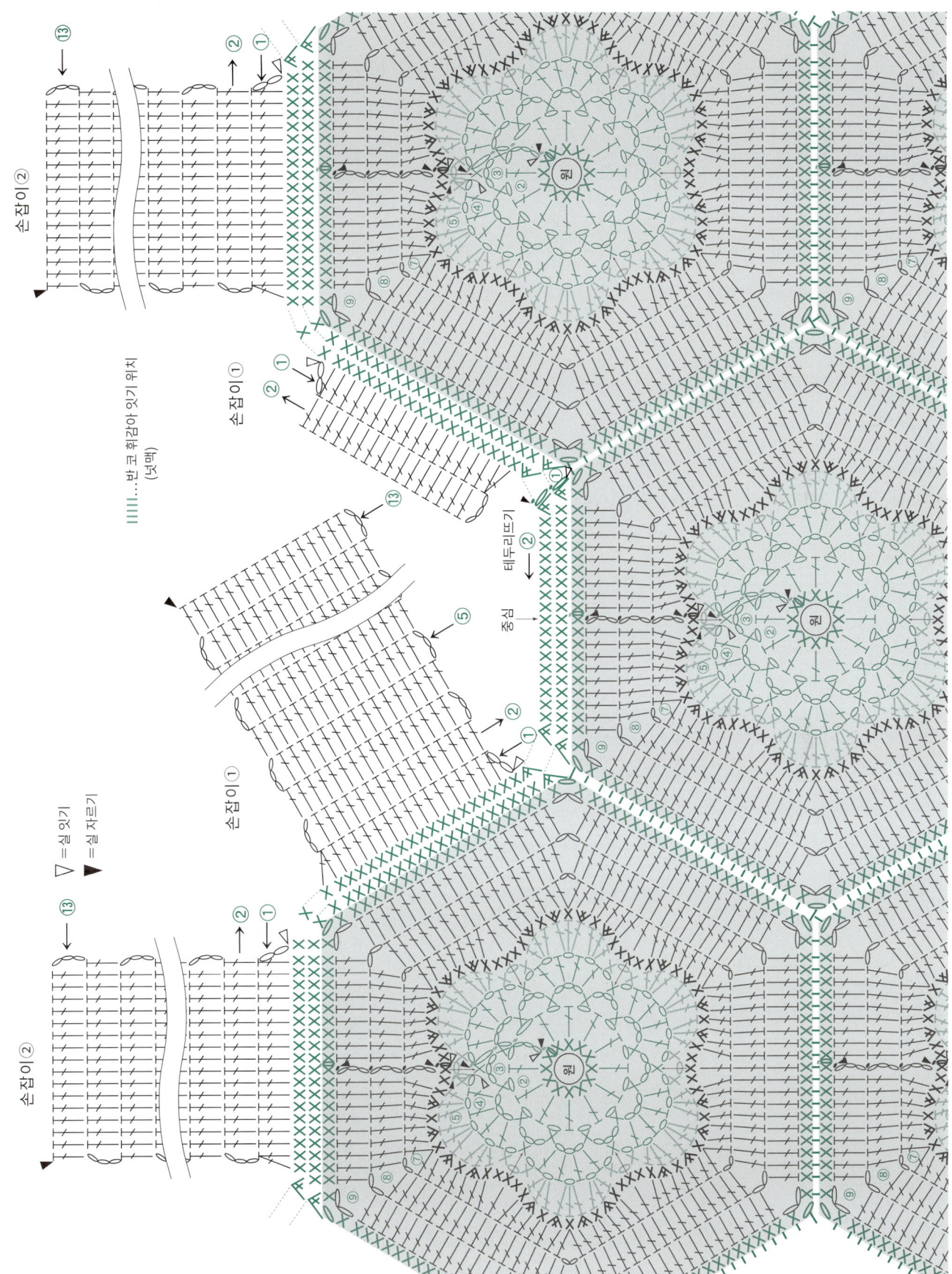

멀티 케이스 A·B·C·D

Photo >> p.13   사용 모티브 >> 4, 5, 6, 35

【실】
멀티 케이스A
하마나카 아메리 /
그레이시 로즈(26)…10g, 머스터드 옐로(3)·
그래스 그린(13)…각 5g

멀티 케이스B
하마나카 아메리 /
네이비 블루(17)…14g, 내츄럴 화이트(20)
…6g, 크림슨 레드(5)…8g

멀티 케이스C
하마나카 아메리 /
퍼플 헤더(44)…11g, 라일락(42)…7g,
블루 그린(12)…2g

멀티 케이스D
하마나카 아메리 /
차콜 그레이(30)…25g, 피치 핑크(28)…
15g, 셀러돈(37)…10g, 그레이시 로즈(26)
…5g, 머스터드 옐로(3)…2g

【바늘】
코바늘 5/0호

【완성 치수】
도안 참조

공통 뜨개구슬(단추용)
각 1개
p.42 참조

멀티 케이스A
모티브 4장
「p.56의 **6**」의 뜨개 도안을 참조해서 뜬다

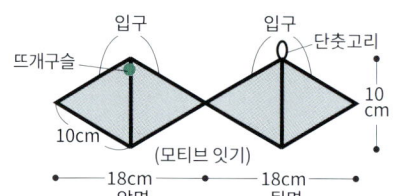

단수	색상명
4	그레이시 로즈
3	그래스 그린
2	머스터드 옐로
1	그레이시 로즈

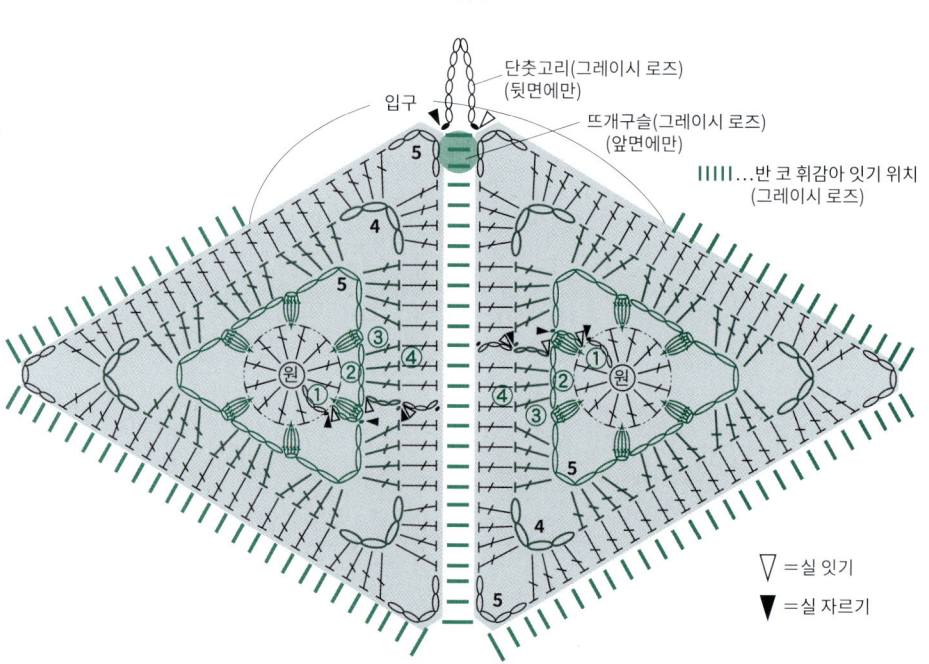

멀티 케이스B
모티브 6장
「p.56의 **5**」의 뜨개 도안을 참조해서 뜬다

단수	색상명
4	네이비 블루
3	내츄럴 화이트
1·2	크림슨 레드

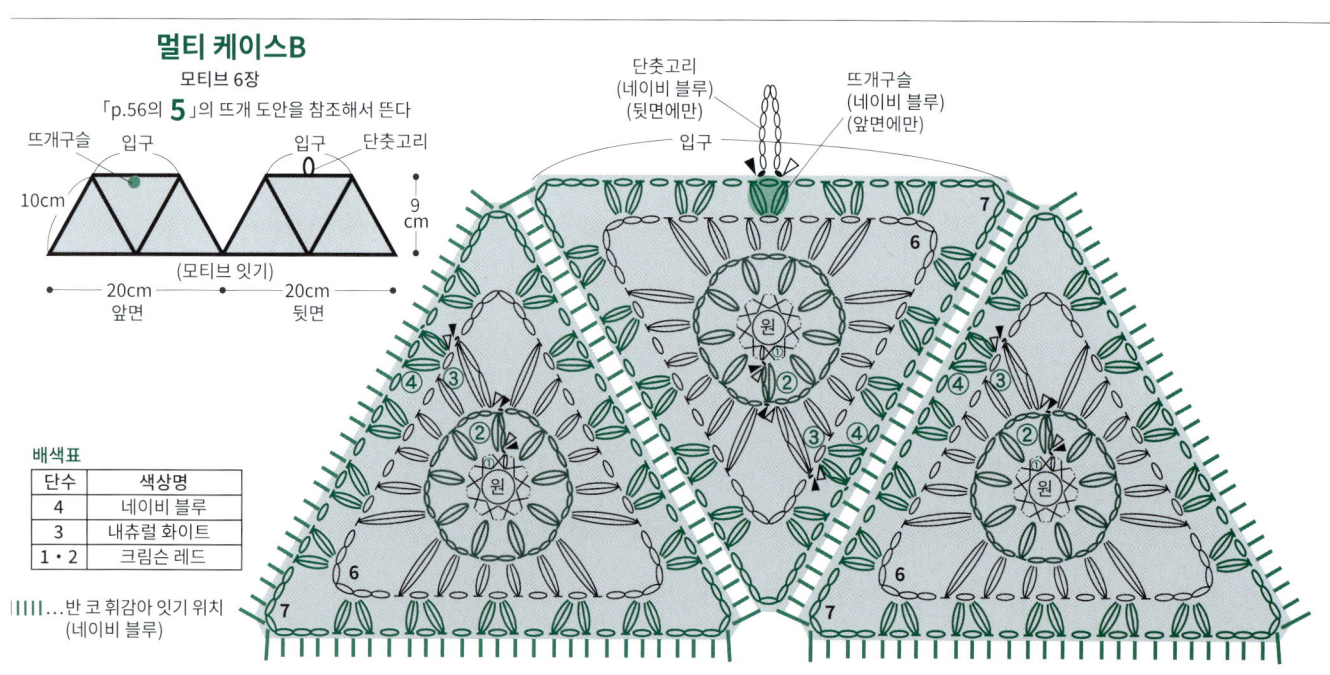

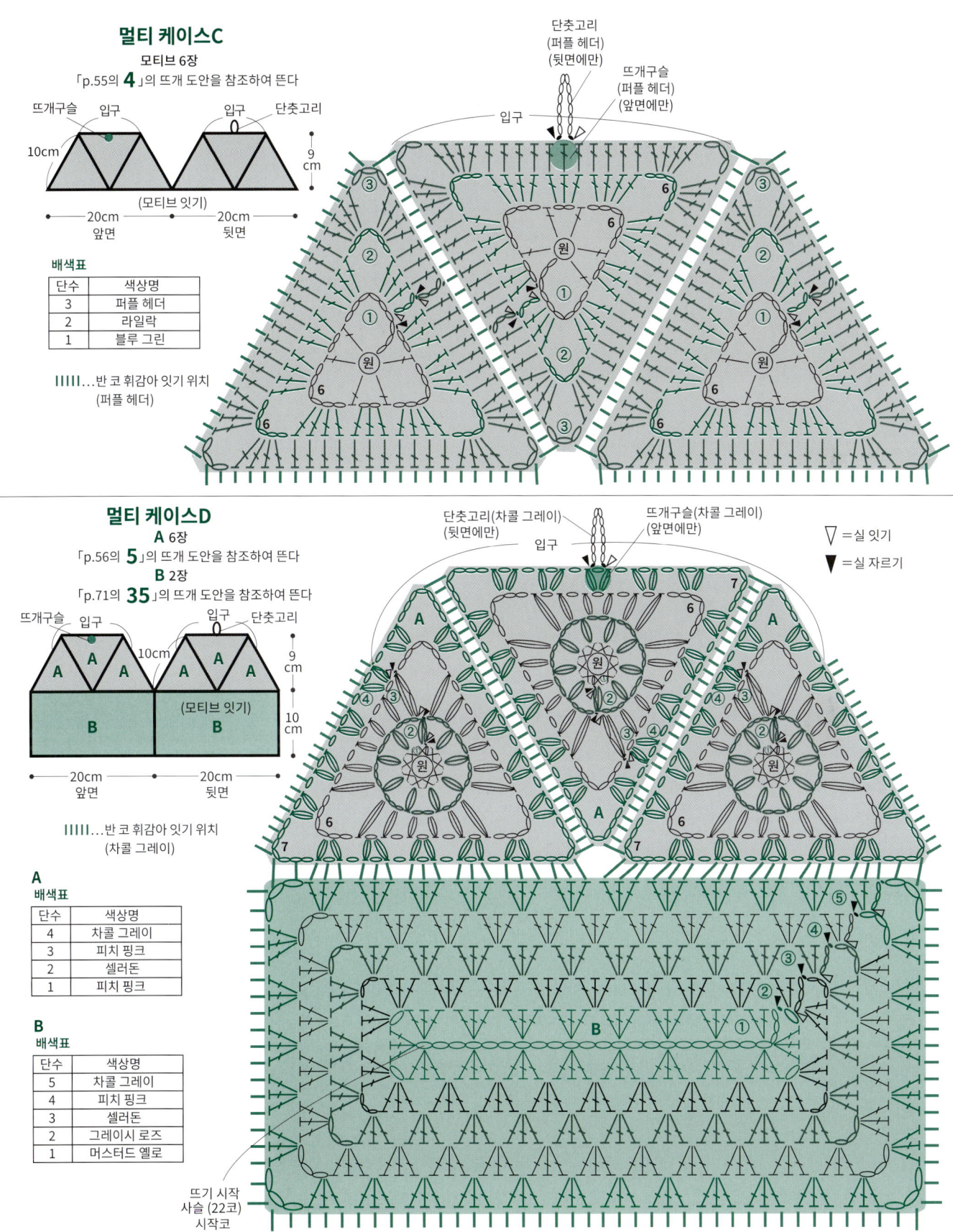

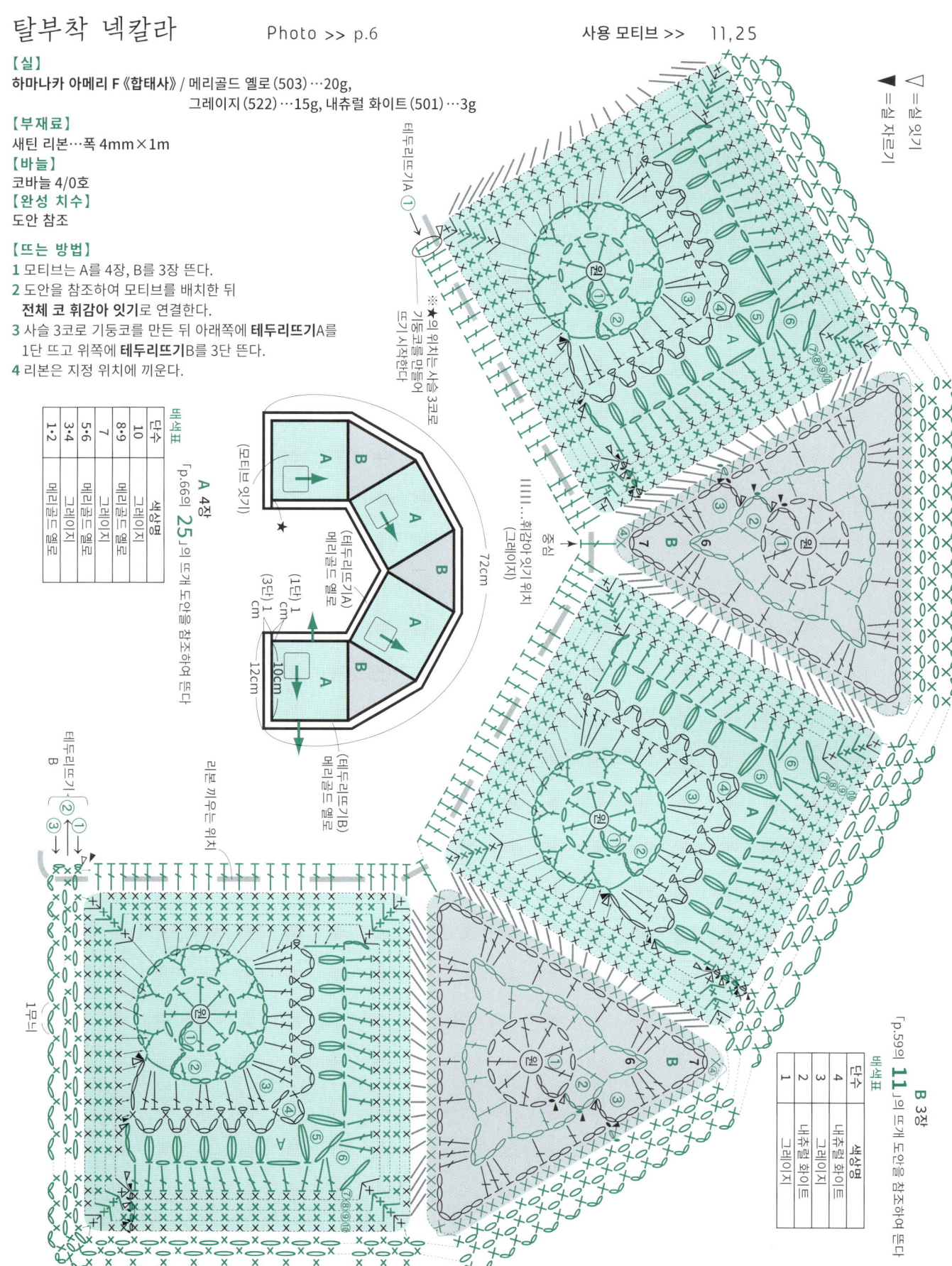

쿠션   Photo >> p.8

사용 모티브 >> 7, 8, 9, 10, 19, 20, 21, 22, 27, 28

【실】
다루마 랑부예 메리노 울 / 카멜(3)…25g, 베이지(2)…8g, 에버그린(4)…8g
울 모헤어 / 베이지(2)…5g, 에크루(1)…3g
클래식 트위드 / 머스터드(8)…11g, 브릭(5)…4g, 라이트 그레이(9)…3g
긱 / 레몬×코발트 그린(9)…7g
원모에 가까운 메리노 울 / 딥 오렌지(18)…11g, 라이트 베이지(2)…10g,
　　　　　　　　　　　라임 그린(15)…4g
셰틀랜드 울 / 오트밀(2)…21g, 옐로(14)…5g, 에크루(1)…4g,
　　　　　　에메랄드(13)…10g

【부재료】 단추(갈색)…지름 1.8cm×5개
【바늘】 코바늘 6/0호・7/0호・8/0호
【완성 치수】 세로 30cm・가로 30cm
【뜨는 방법】
1 모티브를 뜬다.
2 오른쪽 도안을 참조하여 모티브끼리 **반 코 휘감아 잇기**로 연결해 주머니 모양으로 만든다(연결하는 순서는 자유).
3 테두리뜨기는 본체의 겉면을 보면서 원형으로 뜬다.
4 단춧고리를 뜬다.
5 지정 위치에 단추를 단다.

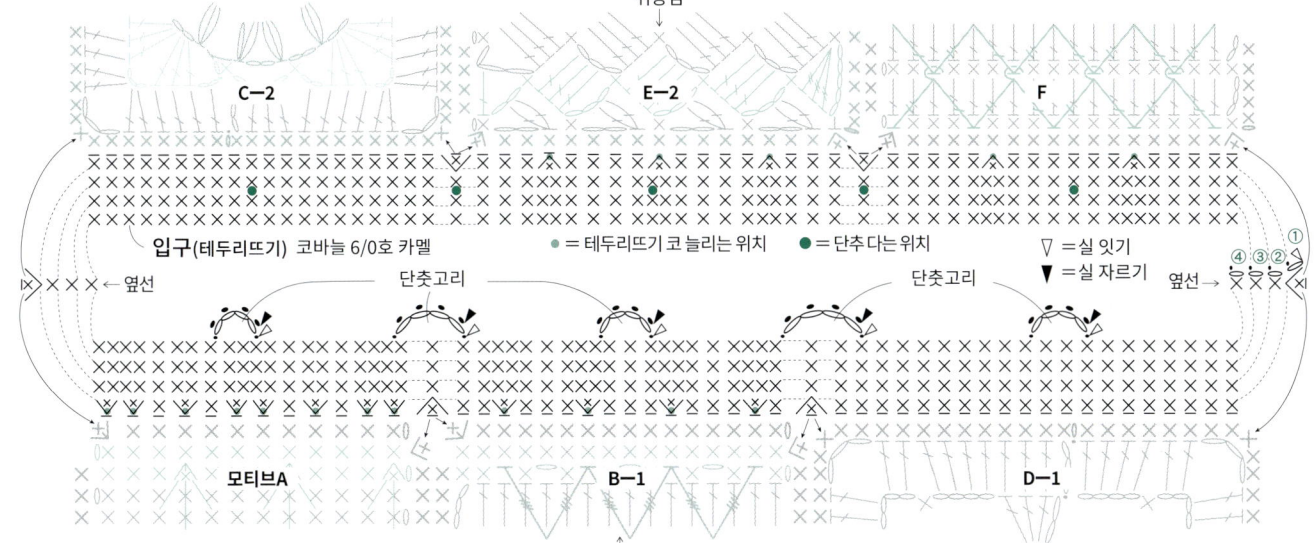

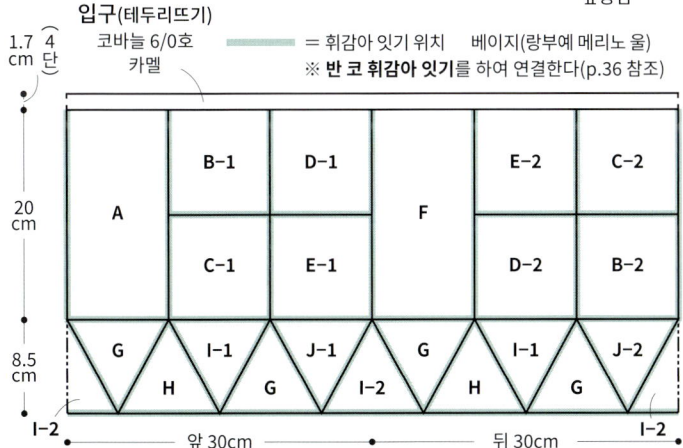

A 1장
「p.67의 **27**」의 뜨개도안을 참조하여 뜬다
배색표

─	머스터드
═	레몬×코발트 그린

B-1, B-2 각 1장
「p.64의 **22**」의 뜨개도안을 참조하여 뜬다
배색표

단수	B-1	B-2
	라이트 베이지	딥 오렌지
	라임 그린	라이트 베이지
	딥 오렌지	라임 그린

G 4장
「p.57의 **8**」의 뜨개도안을 참조하여 뜬다
배색표

단수	
4	에크루
3	에메랄드
2	딥 오렌지
1	옐로

C-1, C-2 각 1장
「p.64의 **21**」의 뜨개도안을 참조하여 뜬다
배색표

단수	C-1	C-2
6	오트밀	에메랄드
5	카멜	카멜
4	옐로	옐로
3	에메랄드	딥 오렌지
2	오트밀	오트밀
1	카멜	카멜

E-1, E-2 각 1장
「p.63의 **19**」의 뜨개 도안을 참조하여 뜬다
배색표

배색표	E-1	E-2
─	라이트 베이지	라이트 베이지
─	에메랄드	딥 오렌지
─	딥 오렌지	에메랄드
테두리뜨기	딥 오렌지	라이트 베이지

H 2장
「p.57의 **7**」의 뜨개 도안을 참조하여 뜬다
배색표

단수	
테두리뜨기 2	베이지
테두리뜨기 1	라이트 베이지
1~7	브릭

D-1, D-2 각 1장
「p.63의 **20**」의 뜨개 도안을 참조하여 뜬다
배색표

	D-1	D-2
	카멜	에버그린

I-1, I-2 각 2장
「p.58의 **9**」의 뜨개 도안을 참조하여 뜬다
배색표

단수	I-1	I-2
4	베이지	베이지(랑부예 메리노 울)
3	에크루	베이지(울 모헤어)
2	카멜	카멜
1	에버그린	에버그린

J-1, J-2 각 1장
「p.58의 **10**」의 뜨개 도안을 참조하여 뜬다
배색표

단수	J-1	J-2
5	카멜	카멜
4	라이트 베이지	베이지(랑부예 메리노 울)
3	에버그린	에버그린
2	라이트 베이지	베이지(랑부예 메리노 울)
1	라임 그린	라임 그린

F 1장 오트밀
「p.67의 **28**」의 뜨개 도안을 참조하여 뜬다

룸 슈즈 A・B

Photo >> p.7 사용 모티브 >> 21

【실】
룸 슈즈A
다루마 랑부예 메리노 울 /
베이지 (2) …30g, 딥 오렌지 (7)・그레이프 (8) …각 25g,
에버그린 (4) …15g
룸 슈즈B
다루마 원모에 가까운 메리노 울 /
라이트 베이지 (2) …50g, 코코아 (3) …25g
랑부예 메리노 울 /
베이지 (2) …20g

【바늘】
A 코바늘 5/0호
B 코바늘 6/0호

【완성 치수】
A 9.5cm×9.5cm
B 10cm×10cm

【뜨는 방법】
1 모티브를 6장 뜬다.
2 **본체 모티브 연결하는 법**을 참조하여 모티브끼리 짧은뜨기의 머리 뒤쪽 1가닥씩 주워 **휘감아 잇기**로 연결하고, 맞춤 표시들도 서로 연결한다.
3 **테두리뜨기**는 본체의 겉면을 보면서 원형으로 뜬다.
4 **스레드 코드 뜨는 법**을 참조하여 끈을 뜬 뒤 본체 지정 위치에 끼운다.
5 장식ab를 뜨고 스레드 코드와 합친다.

배색표

단수	룸 슈즈A	룸 슈즈B
테두리뜨기	베이지	코코아
5	그레이프	라이트 베이지
4	에버그린	베이지
2・3	딥 오렌지	라이트 베이지
1	베이지	베이지

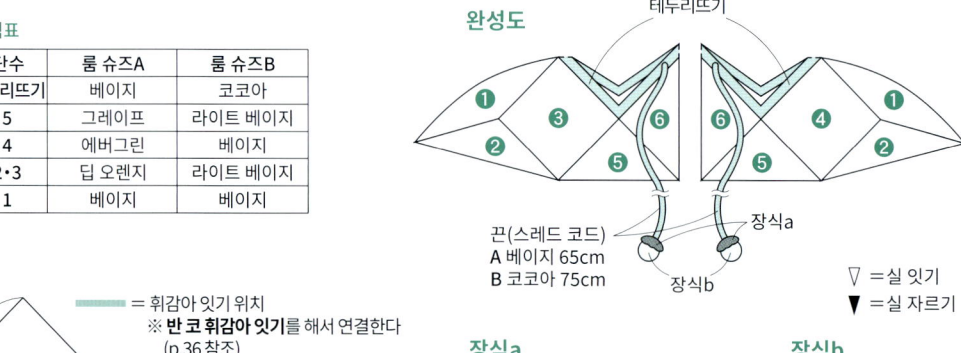

완성도
끈(스레드 코드)
A 베이지 65cm
B 코코아 75cm
장식a
장식b
▽ =실 잇기
▼ =실 자르기

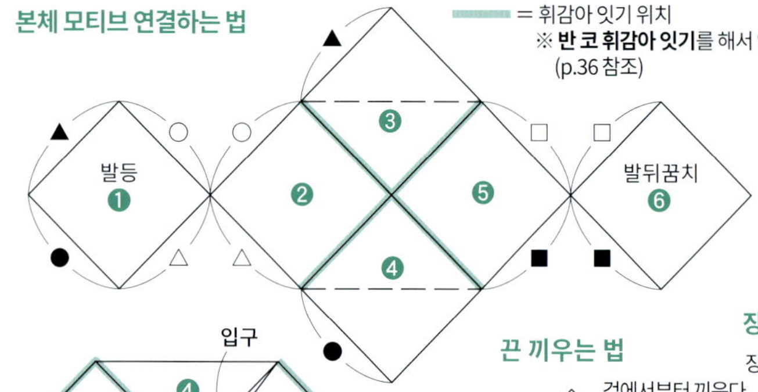

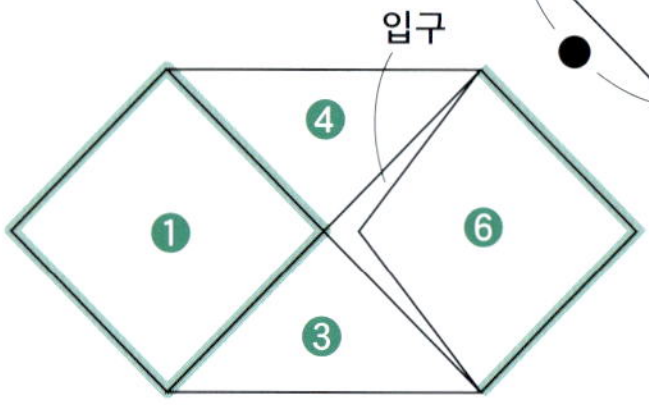

장식a
A 에버그린 4개 5/0호 바늘
B 코코아 4개 6/0호 바늘

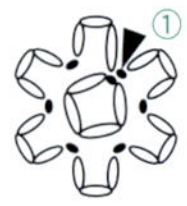

장식b
A 딥 오렌지 4개 5/0호 바늘
B 라이트 베이지 4개 6/0호 바늘
뜨기 끝부분의 실 끝을 10cm 정도 남기고 자른다

본체 모티브 연결하는 법
= 휘감아 잇기 위치
※ 반코 휘감아 잇기를 해서 연결한다 (p.36 참조)

발등 ❶　❷　❸　❹　❺　발뒤꿈치 ❻
입구

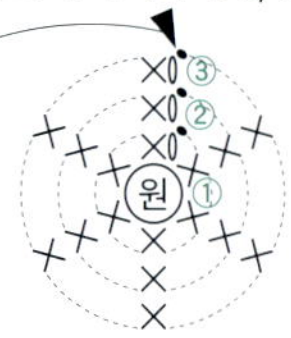

끈 끼우는 법
겉에서부터 끼운다
입구 (안) ❻
발등

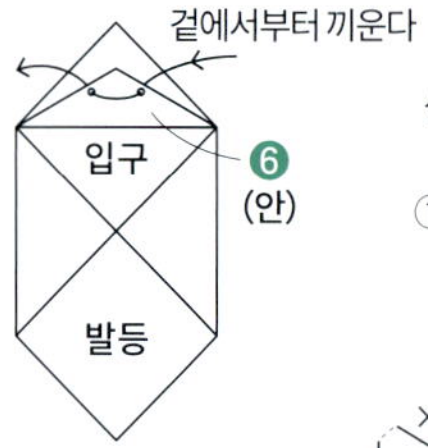

장식ab 합치는 법
장식b(겉)
① 소량의 실로 속을 채우고, 뜨기 끝부분의 실 끝으로 마지막 단의 코 바깥쪽 1가닥씩을 줍는다
③ 끈에 장식a를 끼운다
장식a (안)
장식b (겉)
② 끈의 끝부분을 장식b 속에 넣고 실 끝을 당겨 꽉 조여서 고정한다
④ 장식ab를 딱 붙인다

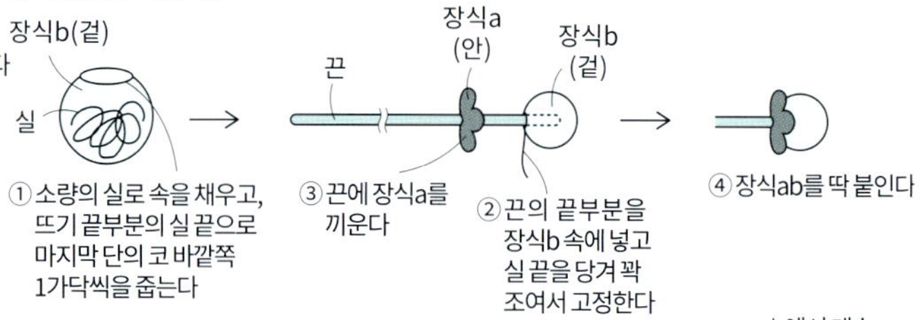

테두리뜨기
A 베이지 5/0호 바늘
B 코코아 6/0호 바늘

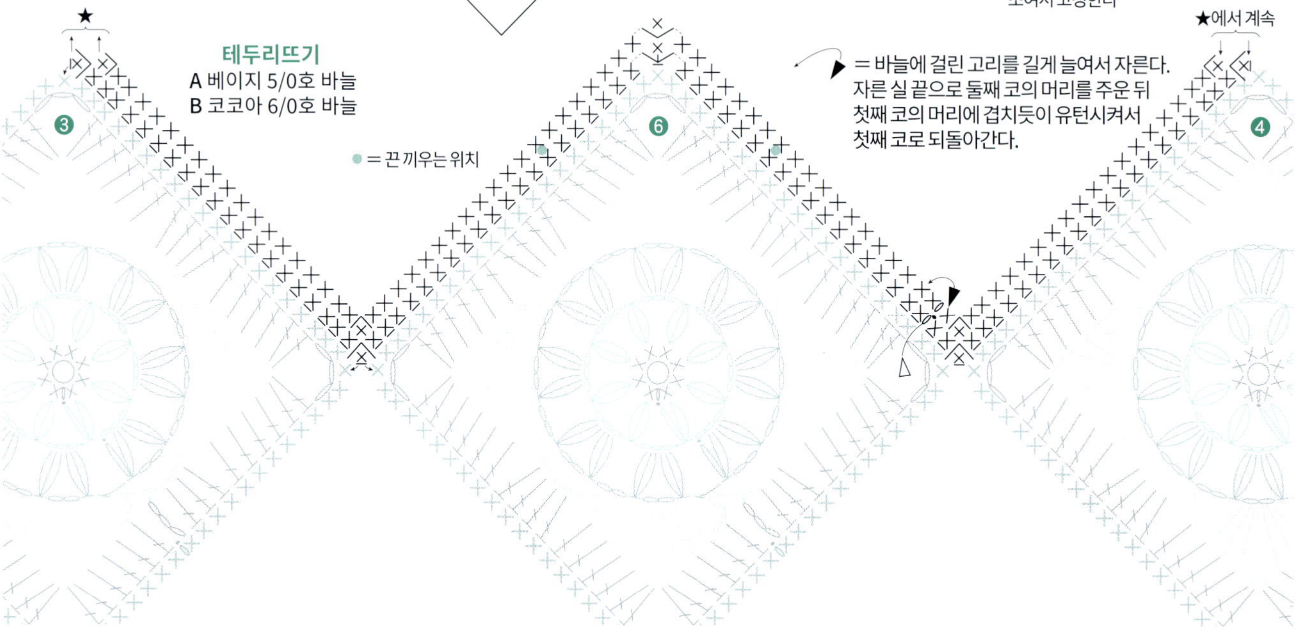

● = 끈끼우는 위치

= 바늘에 걸린 고리를 길게 늘여서 자른다.
자른 실 끝으로 둘째 코의 머리를 주운 뒤 첫째 코의 머리에 겹치듯이 유턴시켜서 첫째 코로 되돌아간다.

★에서 계속

티매트

Photo >> p.12 사용 모티브 >> 3, 40

【실】
하마나카 아메리 /
피콕 그린(47)…18g, 크림슨 레드(5)…14g,
그레이시 옐로(1)…12g

【바늘】
코바늘 5/0호

【완성 치수】
도안 참조

【뜨는 방법】
1 모티브는 A를 1장, B를 6장 뜬다.
2 도안을 참조해서 모티브를 배치한 뒤 **반 코 휘감아 잇기**로 연결한다.

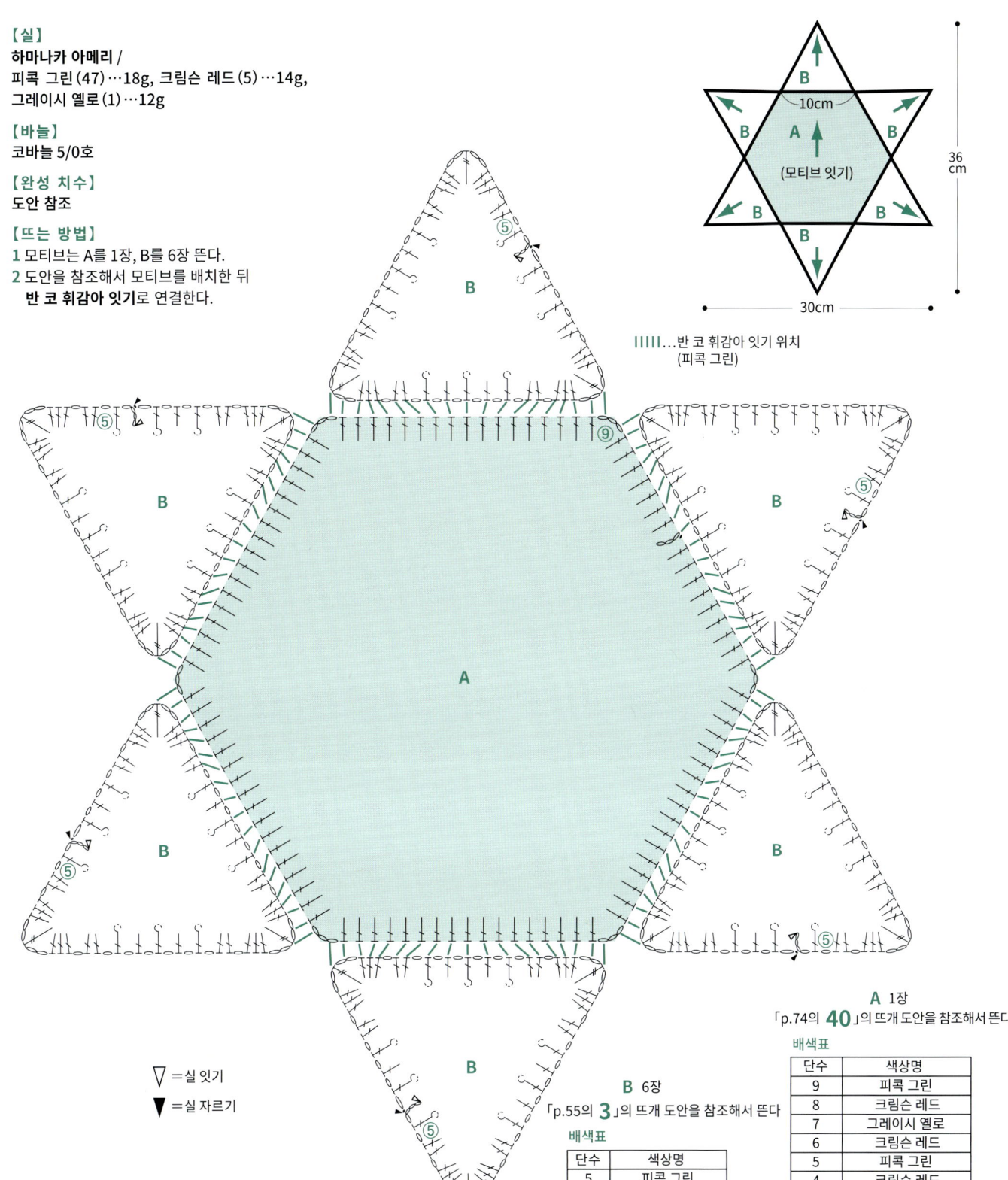

IIIII…반 코 휘감아 잇기 위치
(피콕 그린)

▽ = 실 잇기
▼ = 실 자르기

B 6장
「p.55의 **3**」의 뜨개 도안을 참조해서 뜬다
배색표

단수	색상명
5	피콕 그린
4	크림슨 레드
2·3	그레이시 옐로
1	크림슨 레드

A 1장
「p.74의 **40**」의 뜨개 도안을 참조해서 뜬다
배색표

단수	색상명
9	피콕 그린
8	크림슨 레드
7	그레이시 옐로
6	크림슨 레드
5	피콕 그린
4	크림슨 레드
3	그레이시 옐로
2	피콕 그린
1	크림슨 레드

머플러 Photo >> p.14

사용 모티브 >> 15, 16, 17, 18, 31, 32, 33, 34

【실】
하마나카 아메리 /
넛맥(49)…30g, 그래스 그린(13)…25g, 카멜(8)・잉크 블루(16)…각 20g, 그린(14)・그레이(22)・포레스트 그린(34)・셀러돈(37)・오트밀(40)・옐로 오커(41)…각 15g, 오렌지(4)・퍼플(18)・베이지(21)・내츄럴 블랙(24)・라일락(42)・민트 블루(45)・다크 네이비(53)…각 10g, 핑크(7)・아쿠아 블루(11)・내츄럴 화이트(20)・스프링 그린(33)・포기 스카이(39)・피콕 그린(47)…각 5g, 크림슨 레드(5)・레몬 옐로(25)・플럼 레드(32)・라벤더(43)…각 2g

【바늘】
코바늘 5/0호

【완성 치수】
도안 참조

【뜨는 방법】
1 모티브는 **A~D**를 각 4장, **E~H**를 각 2장 뜬다.
2 도안을 참조하여 모티브를 배치한 뒤 **휘감아 잇기**로 연결한다.
3 **만드는 법**을 참조하여 태슬을 만든 뒤 지정 위치에 꿰매어 단다.

A-1, A-2, A-3, A-4 각 1장
「p.60의 **15**」의 뜨개 도안을 참조하여 뜬다

배색표 단수	A-1	A-2	A-3	A-4
4・5	그린	스프링 그린	아쿠아 블루	민트 블루
3	셀러돈	다크 네이비	그린	
2	피콕 그린	피콕 그린	다크 네이비	
1	플럼 레드	크림슨 레드	플럼 레드	

B-1, B-2, B-3, B-4 각 1장
「p.61의 **16**」의 뜨개 도안을 참조하여 뜬다

배색표 단수	B-1	B-2	B-3	B-4
5・6	다크 네이비	카멜	넛맥	그린
3・4	잉크 블루	민트 블루	아쿠아 블루	핑크
2	베이지	레몬 옐로	베이지	베이지
1	레몬 옐로	내츄럴 화이트	레몬 옐로	레몬 옐로

C-1, C-2, C-3, C-4 각 1장
「p.62의 **17**」의 뜨개 도안을 참조하여 뜬다

배색표 단수	C-1	C-2	C-3	C-4
6・7	민트 블루	포레스트 그린	라일락	퍼플
5	핑크	플럼 레드		크림슨 레드
3・4	플럼 레드	퍼플		포레스트 그린
2	베이지	라일락		베이지
1	핑크	플럼 레드		크림슨 레드

D-1, D-2, D-3, D-4 각 1장
「p.62의 **18**」의 뜨개 도안을 참조하여 뜬다

배색표	D-1	D-2	D-3	D-4
─	라벤더	셀러돈	피콕 그린	잉크 블루
─	퍼플	오렌지	포기 스카이	그린

E-1, E-2 각 1장
「p.69의 **31**」의 뜨개 도안을 참조하여 뜬다

배색표	E-1	E-2
▬	다크 네이비	그린
▬	넛맥	오렌지
─	그래스 그린	베이지
▬	포레스트 그린	셀러돈

F-1, F-2 각 1장
「p.69의 **32**」의 뜨개 도안을 참조하여 뜬다

배색표	F-1	F-2
▬	내츄럴 블랙	내츄럴 블랙
─	넛맥	옐로 오커

G-1, G-2 각 1장
「p.70의 **33**」의 뜨개 도안을 참조하여 뜬다

배색표	G-1	G-2
		내츄럴 화이트
─	그래스 그린	그레이

H-1, H-2 각 1장
「p.70의 **34**」의 뜨개 도안을 참조하여 뜬다

H-1	H-2
카멜	오트밀

태슬 만드는 법
잉크 블루 8개

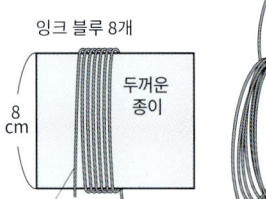
① 실을 28번 감는다.

② 두꺼운 종이를 빼낸 뒤 고리에 같은 실을 끼워 세게 묶는다.

③ 여러 번 감은 뒤 세게 묶는다.
④ 길이를 맞춰 자른다.

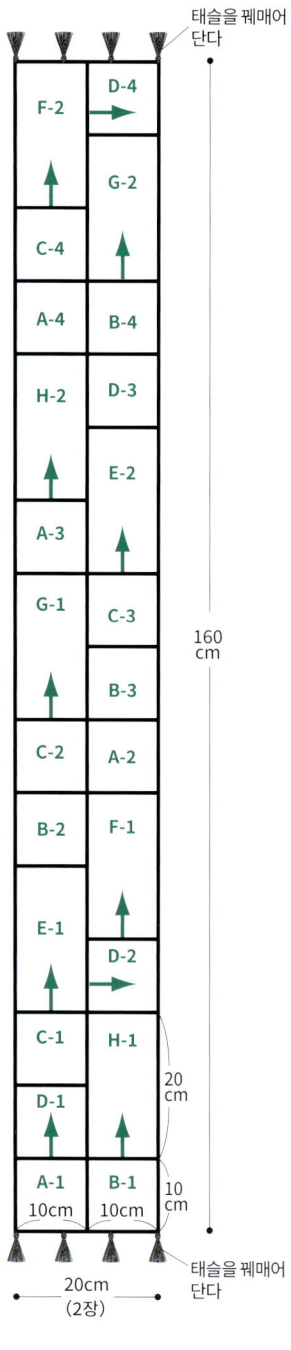
(모티브 잇기)
160 cm
20 cm
10 cm
20cm (2장)

※ 모티브는 **휘감아 잇기**로 연결한다.
접하는 모티브 중 하나와 같은 색의 실을 사용한다.

미니 러그 A·B

Photo >> p.16   사용 모티브 >> 23, 24, 29, 30

【실】
미니 러그A
원모에 가까운 메리노 울 / 시트러스(6)…25g
소프트 램 /
베이비 핑크(7)…13g, 에크루(2)…10g, 핑크(21)…5g
공기를 섞어 만든 울 알파카 /
라이트 그레이(7)…10g, 블루 그레이(5)…5g,
에크루(1)・카나리아(12)…각 2g
둘시안〈합세사 모헤어〉 /
라이트 블루(28)…11g, 크림(16)…8g
미니 러그B
다루마 원모에 가까운 메리노 울 / 샌드 베이지(16)…25g
소프트 램 / 바닐라(8)・모카(25)…각 13g, 시나몬(14)…5g
공기를 섞어 만든 울 알파카 / 에크루(1)…12g, 초콜릿(11)…7g
둘시안〈합세사 모헤어〉 / 베이지(8)…12g, 크림(16)…4g

【바늘】
코바늘 6/0호・7/0호・8/0호

【완성 치수】
도안 참조

【뜨는 방법】
1 모티브는 A-1, A-2, B-1, B-2를 각 1장, C, D를 각 2장 뜬다.
2 도안을 참조하여 모티브를 배치한 뒤 **휘감아 잇기**로 연결한다
  (**휘감아 잇기**는 원하는 실을 사용해도 된다).
3 **2**의 둘레에 빙 둘러 **테두리뜨기**를 2단 뜬다.
4 **프린지**는 **다는 법**을 참조하여 양쪽 옆면에 묶어서 단다.

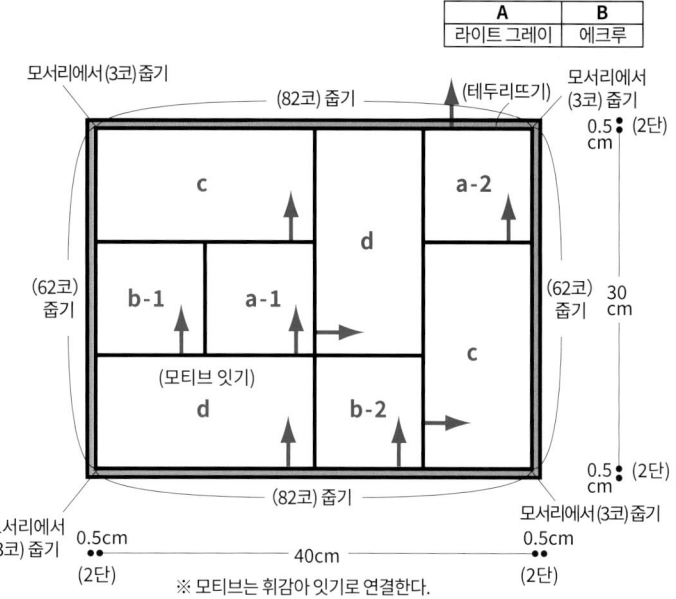

a-1, a-2 각 1장
「p.65의 **23**」의 뜨개 도안을 참조하여 뜬다

배색표

	A		B	
	a-1	a-2	a-1	a-2
—	카나리아	에크루	초콜릿	에크루
=	라이트 그레이	블루 그레이	에크루	초콜릿

b-1, b-2 각 1장
「p.65의 **24**」의 뜨개 도안을 참조하여 뜬다

배색표

	A		B	
	b-1	b-2	b-1	b-2
	크림 2가닥	라이트 블루 2가닥	베이지 2가닥	베이지+크림 2가닥

▽ = 실 잇기
▼ = 실 자르기

c 2장
「p.68의 **29**」의 뜨개 도안을 참조하여 뜬다

배색표

A	B
시트러스	샌드 베이지

d 2장
「p.68의 **30**」의 뜨개 도안을 참조하여 뜬다

배색표

	A	B
=	핑크	시나몬
=	베이비 핑크	모카
—	에크루	바닐라

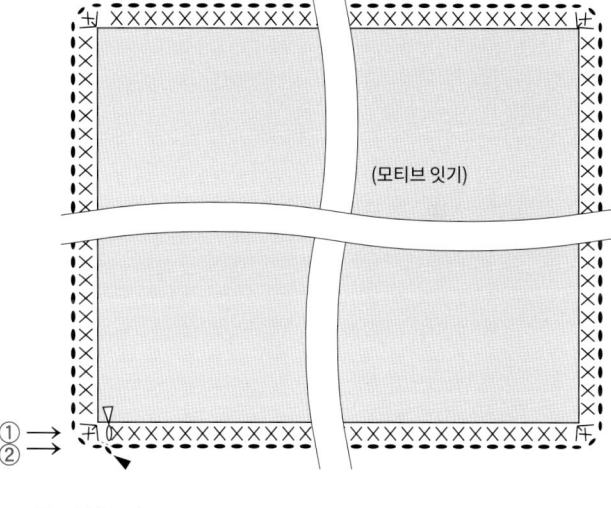

※ 프린지는 오른쪽 그림을 참조하여 66쌍을 만든 뒤
테두리뜨기 1단의 코와 코 사이에 묶어서 단다.

프린지 배색표

A	B
베이비핑크+라이트블루 2가닥	바닐라+모카 2가닥

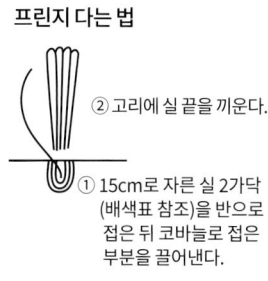

1 삼각형 모티브 Photo >> p.19

【실】
다루마 소프트 램 /
나이트 블루(28)・스모크 블루(32)…각 2g,
라일락(29)…1g

【바늘】
코바늘 5/0호

【완성 치수】
모티브 한 변 길이 10cm

▽ =실 잇기
▼ =실 자르기

배색표
단수	색상명
5・6	스모크 블루
3・4	나이트 블루
1・2	라일락

 =긴뜨기 3코 구슬뜨기 (코를 주워서 뜬다)

뜨는 방법
3・4단…앞단의 **사슬뜨기**를 다발로 주워서 뜬다.
5・6단…앞단에서 주울 코가 **사슬뜨기**일 때는
　　　　다발로 주워서 뜬다.

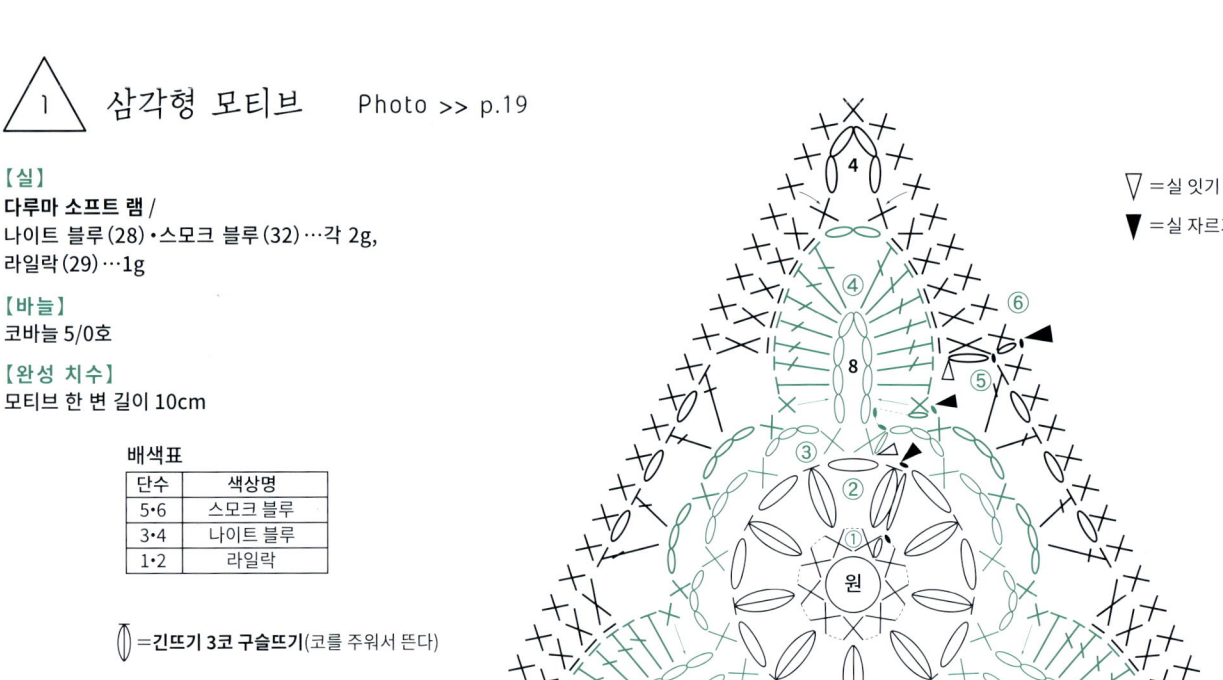

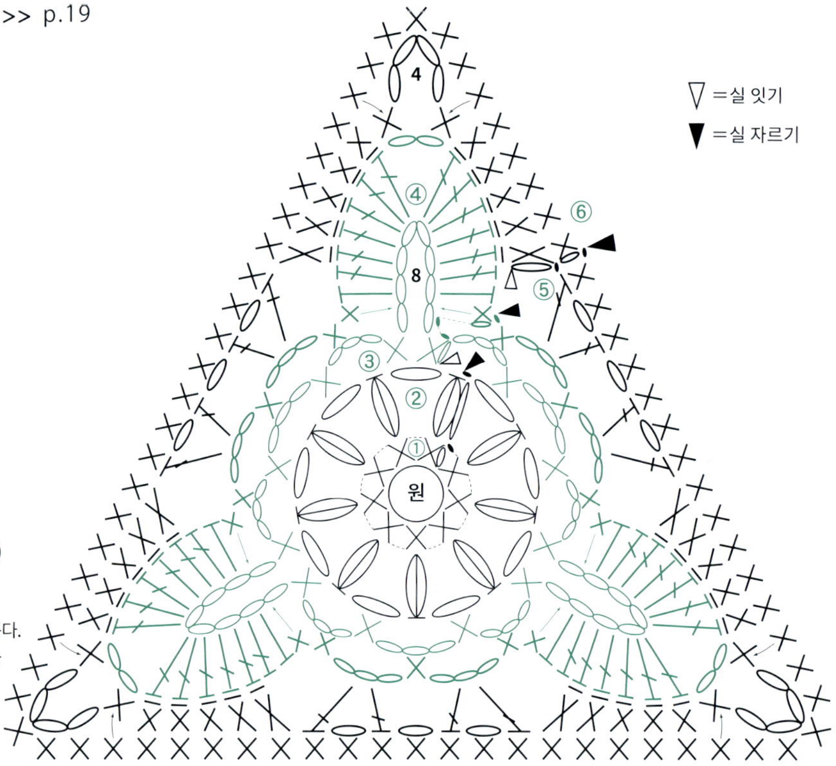

2 삼각형 모티브 Photo >> p.19   Point Lesson >> p.36

【실】
다루마 소프트 램 /
허니 머스터드(42)…2g,
그레이프(30)・그레이(39)…각1g

【바늘】
코바늘 5/0호

【완성 치수】
모티브 한 변 길이 10cm

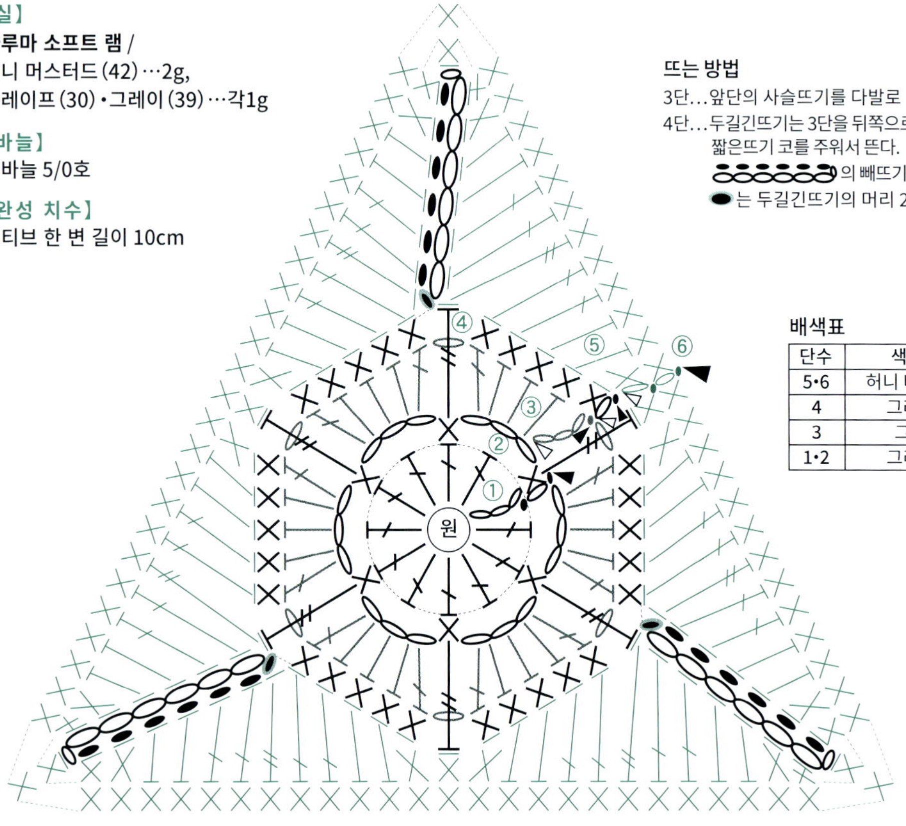

뜨는 방법
3단…앞단의 사슬뜨기를 다발로 주워서 뜬다.
4단…두길긴뜨기는 3단을 뒤쪽으로 넘긴 뒤 2단의
　　　짧은뜨기 코를 주워서 뜬다.
◯◯◯◯◯ 의 빼뜨기는 사슬 뒷산 1가닥을 주워서 뜬다.
● 는 두길긴뜨기의 머리 2가닥을 주워서 뜬다.

배색표
단수	색상명
5・6	허니 머스터드
4	그레이프
3	그레이
1・2	그레이프

3 삼각형 모티브　Photo >> p.19　Point Lesson >> p.36

【실】
하마나카 아메리 /
핑크 (7) …2g,
내츄럴 화이트 (20)・셀러돈 (37) …각 1g

【바늘】
코바늘 5/0호

【완성 치수】
모티브 한 변 길이 10cm

▽ =실 잇기
▼ =실 자르기

배색표

단수	색상명
5	핑크
4	셀러돈
2·3	내츄럴 화이트
1	셀러돈

= 한길긴뜨기 앞걸어뜨기

= 긴뜨기 3코 **구슬뜨기**(다발로 주워서 뜬다)

뜨는 방법
2・3단… 앞단의 **사슬뜨기**를 다발로 주워서 뜬다.
4・5단… 앞단에서 주울 코가 **사슬뜨기**일 때는
　　　　다발로 주워서 뜬다.

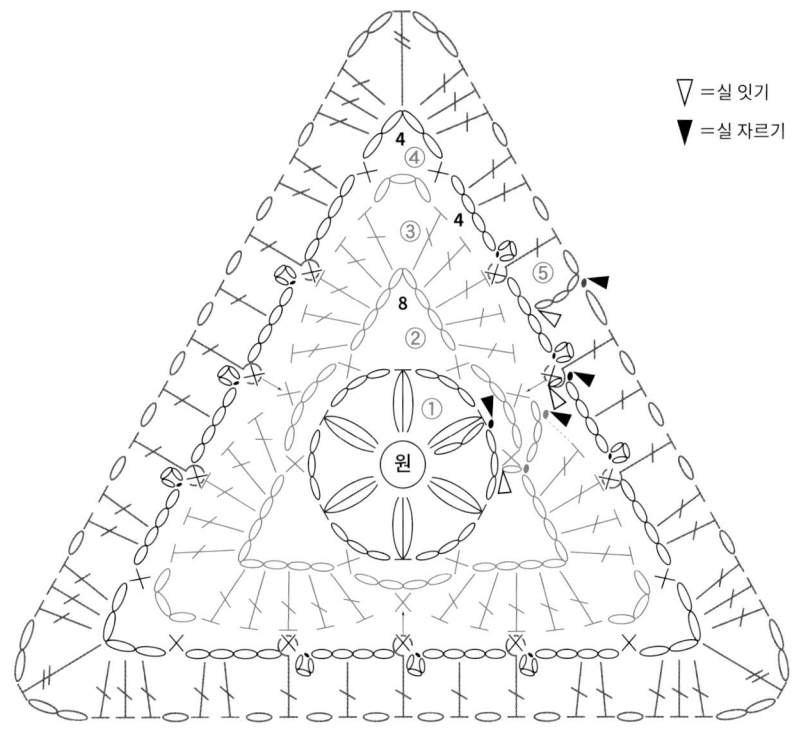

 ## 4 삼각형 모티브　Photo >> p.20

【실】
하마나카 아메리 /
다크 네이비 (53) …2g,
크림슨 레드 (5)・베이지 (21) 각 소량

【바늘】
코바늘 5/0호

【완성 치수】
모티브 한 변 길이 10cm

배색표

단수	색상명
3	다크 네이비
2	크림슨 레드
1	베이지

뜨는 방법
2단… 앞단의 **사슬뜨기**를 다발로 주워서 뜬다.
3단… 앞단에서 주울 코가 **사슬뜨기**일 때는
　　　다발로 주워서 뜬다.

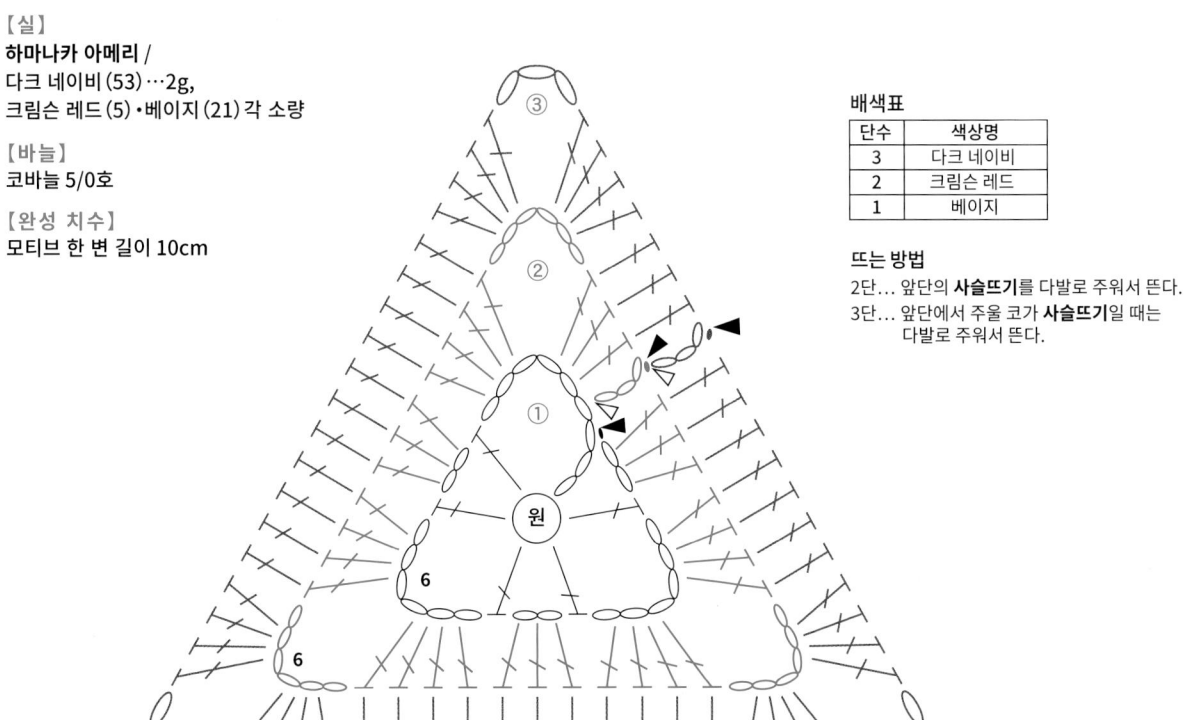

5 삼각형 모티브   Photo >> p.20

【실】
하마나카 아메리 /
내츄럴 브라운(23)…3g,
오렌지(4)…1g, 피치 핑크(28)…소량

【바늘】
코바늘 5/0호

【완성 치수】
모티브 한 변 길이 10cm

배색표

단수	색상명
4	내츄럴 브라운
3	오렌지
2	피치 핑크
1	오렌지

◯ = **긴뜨기 3코 구슬뜨기**(코를 주워서 뜬다)
◯ = **긴뜨기 3코 구슬뜨기**(다발로 주워서 뜬다)

뜨는 방법
3·4단… 앞단의 **사슬뜨기**를 다발로 주워서 뜬다

▽ =실 잇기
▼ =실 자르기

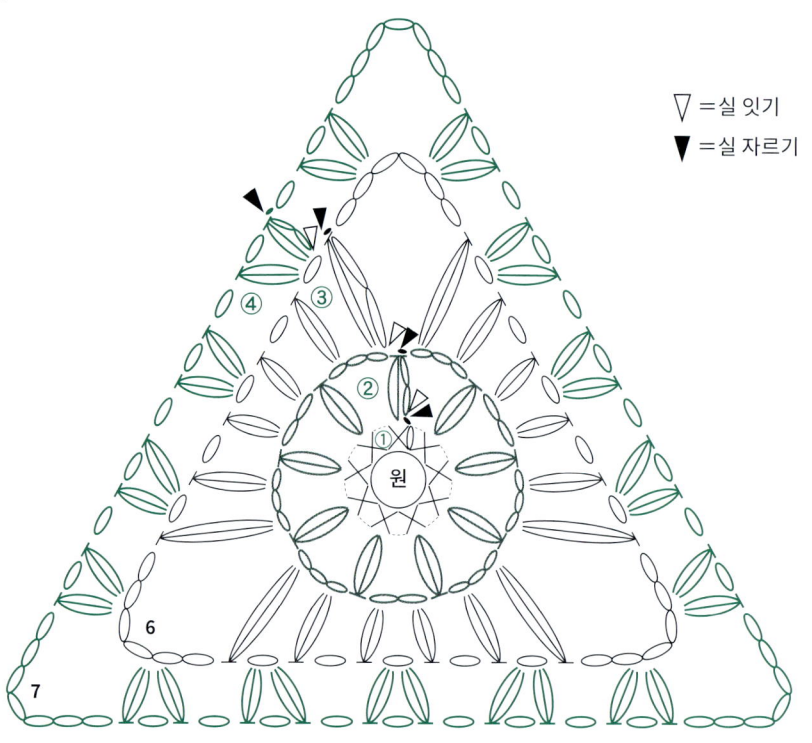

6 삼각형 모티브   Photo >> p.20

【실】
하마나카 아메리 /
옐로 오커(41)…3g,
포레스트 그린(34)·퍼플 헤더(44)…각 1g

【바늘】
코바늘 5/0호

【완성 치수】
모티브 한 변 길이 10cm

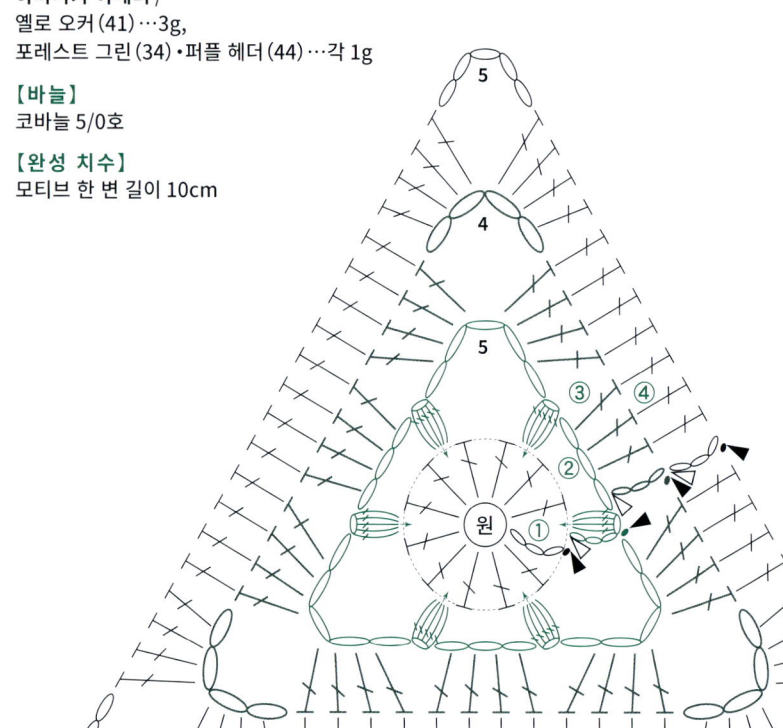

배색표

단수	색상명
4	옐로 오커
3	포레스트 그린
2	퍼플 헤더
1	옐로 오커

 = **한길긴뜨기 5코 팝콘뜨기**(다발로 주워서 뜬다)

뜨는 방법
2단… 앞단의 **한길긴뜨기**와 **한길긴뜨기의 코** 사이에 바늘을 넣어 다발로 뜬다.
3단… 앞단의 **사슬뜨기**를 다발로 주워서 뜬다.
4단… 앞단에서 주울 코가 **사슬뜨기**일 때는 다발로 주워서 뜬다.

7 삼각형 모티브 　Photo >> p.21

▽ =실 잇기
▼ =실 자르기

【실】
다루마 클래식 트위드 /
머스터드 (8) • 라이트 그레이 (9) …각 2g
울 모헤어/
베이지 (2) …1g

【바늘】
코바늘 8/0호

【완성 치수】
모티브 한 변 길이 10cm

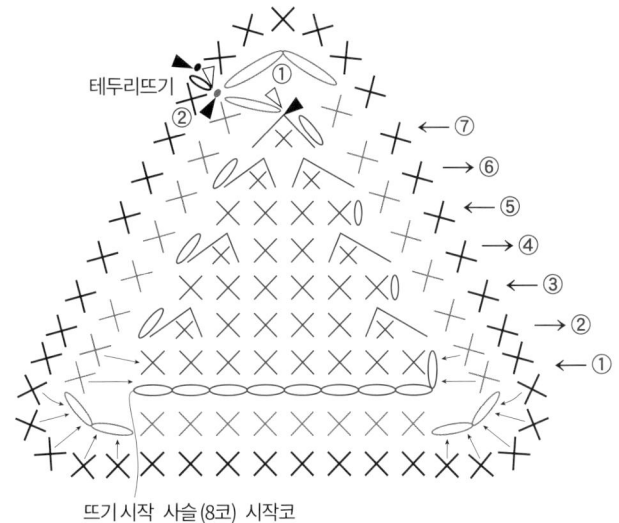

뜨기시작 사슬(8코) 시작코
사슬 뒷산을 주워서 뜬다

배색표

단수	색상명
테두리뜨기2	베이지
테두리뜨기1	머스터드
1~7	라이트 그레이

 ## 8 삼각형 모티브 　Photo >> p.21

【실】
다루마 셰틀랜드 울 /
에메랄드 (13) …1.5g, 옐로 (14) …1g
원모에 가까운 메리노 울/
코코아(3) • 딥 오렌지 (18) …각1g

【바늘】
코바늘 6/0호

【완성 치수】
모티브 한 변 길이 10cm

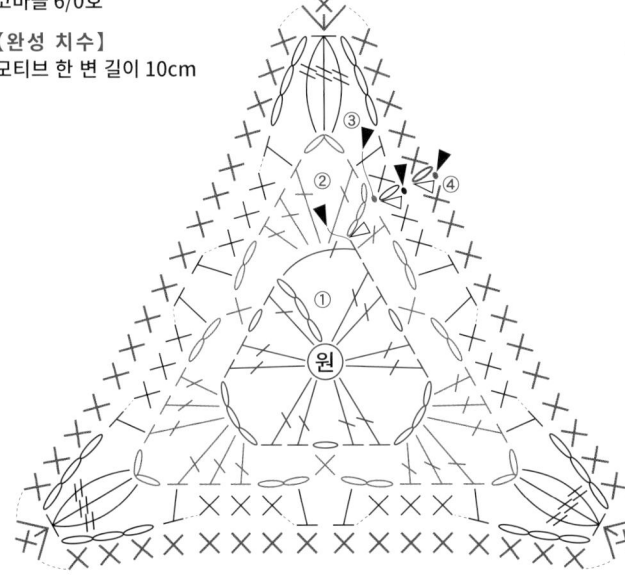

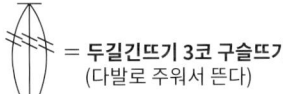 = 두길긴뜨기 3코 구슬뜨기
(다발로 주워서 뜬다)

배색표

단수	색상명
4	에메랄드
3	코코아
2	옐로
1	딥 오렌지

뜨는 방법
2단…앞단의 **사슬뜨기**를 다발로 주워서 뜬다.
3・4단…앞단에서 주울 코가 **사슬뜨기**일 때는
　　　　다발로 주워서 뜬다.

삼각형 모티브　Photo >> p.21

【실】
다루마 랑부예 메리노 울 /
베이지(2)・딥 오렌지(7)…각 1g,
에버그린(4)…0.5g
울 모헤어 /
베이지(2)…1.5g

【바늘】
코바늘 6/0호

【완성 치수】
모티브 한 변 길이 10cm

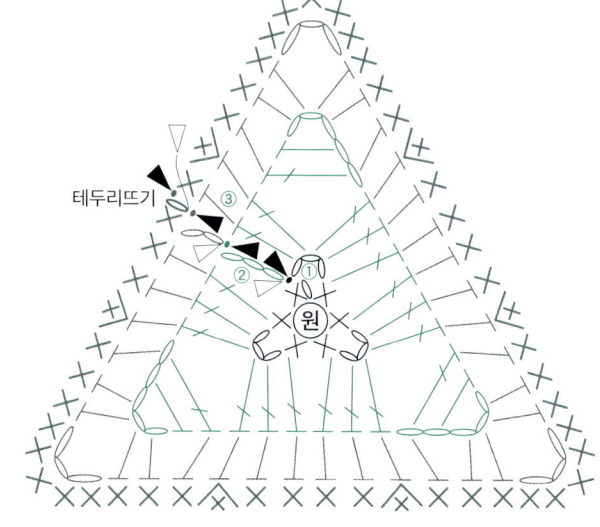

배색표

단수	색상명
테두리뜨기	베이지 (랑부예 메리노 울)
3	베이지 (울 모헤어)
2	딥 오렌지
1	에버그린

뜨는 방법
3・4단… 앞단에서 주울 코가 **사슬뜨기**일 때는 다발로 주워서 뜬다.

 삼각형 모티브　Photo >> p.22

【실】
다루마 원모에 가까운 메리노 울 /
라이트 베이지(2)…1.5g,
라임 그린(15)…소량
랑부예 메리노 울 /
카멜(3)…1.5g, 에버그린(4)…1g

【바늘】
코바늘 6/0호

【완성 치수】
모티브 한 변 길이 10cm

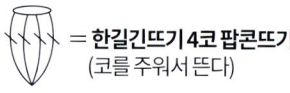 = **한길긴뜨기 4코 팝콘뜨기**
(코를 주워서 뜬다)

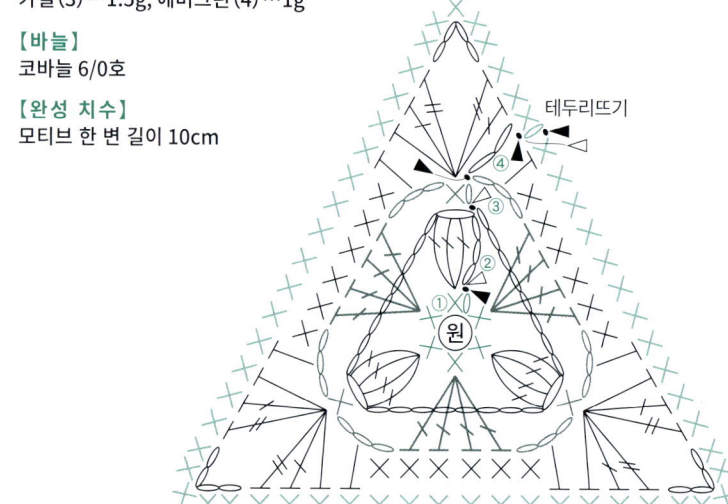

배색표

단수	색상명
테두리뜨기	카멜
4	베이지
3	에버그린
2	베이지
1	라임 그린

뜨는 방법
3단… 2단의 **사슬뜨기**를 감싸면서 1단의 **짧은뜨기**를 주워서 뜬다.
4・5단… 앞단에서 주울 코가 **사슬뜨기**일 때는 다발로 주워서 뜬다.

삼각형 모티브   Photo >> p.22

【실】
하마나카 아메리 F《합태사》/
메리골드 옐로(503)·카멜(520)·그레이지(522)·그레이(523)…각 1g

【바늘】
코바늘 4/0호

【완성 치수】
모티브 한 변 길이 10cm

 삼각형 모티브   Photo >> p.22

【실】
하마나카 피콜로 /
화이트(2)·레몬(8)·새먼 핑크(44)·
옐로 그린(48)…각 1g

【바늘】
코바늘 4/0호

【완성 치수】
모티브 한 변 길이 10cm

11·12 공통

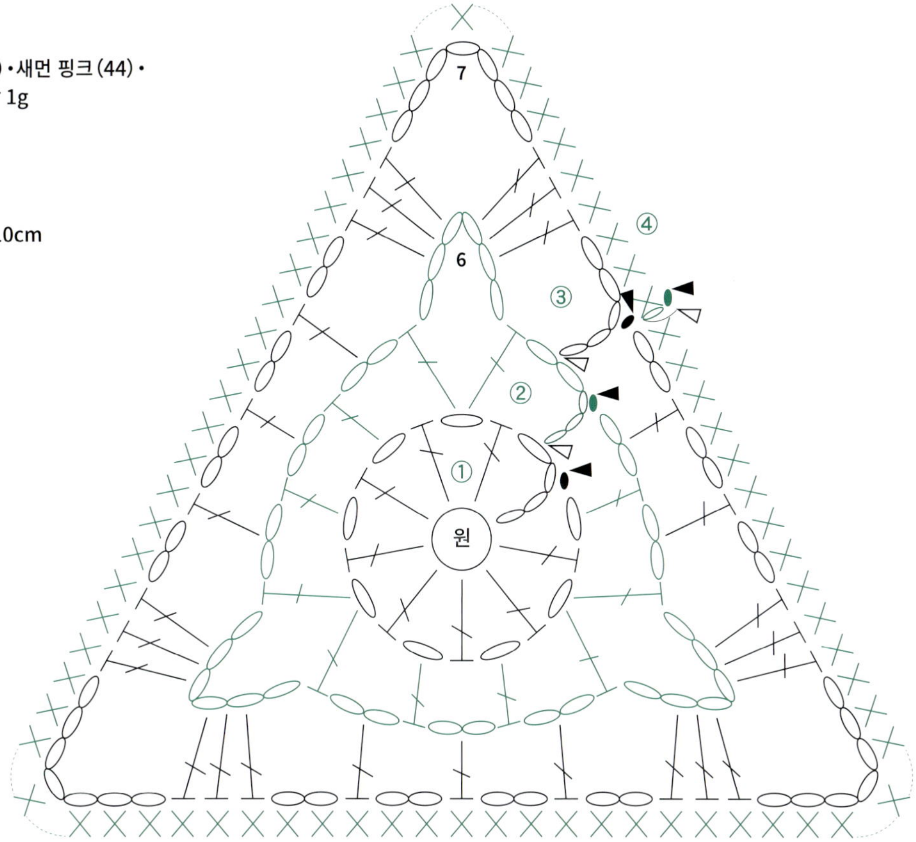

▽ =실 잇기
▼ =실 자르기

배색표

단수	11	12
4	메리골드 옐로	옐로 그린
3	카멜	새먼 핑크
2	그레이	레몬
1	그레이지	화이트

뜨는 방법
2·3 단… 앞단의 **사슬뜨기**를 다발로 주워서 뜬다
4 단… 앞단에서 주울 코가 **사슬뜨기**일 때는 다발로 주워서 뜬다.

13 사각형 모티브 Photo >> p.23

【실】
다루마 이로이로 /
모스 (24) …6g,
만다린 오렌지 (35) •
체리 핑크 (38) …각 1g

【바늘】
코바늘 4/0호

【완성 치수】
모티브 한 변 길이 10cm

※걸친 실을 감싸며 뜬다.

배색표

	색상명
	만다린 오렌지
	체리 핑크
	모스

15 사각형 모티브 Photo >> p.23

【실】
하마나카 아메리/
스프링 그린 (33) …3g, 다크 네이비 (53) …2g,
크림슨 레드 (5) • 피콕 그린 (47) …각 1g

【바늘】
코바늘 5/0호

【완성 치수】
모티브 한 변 길이 10cm

배색표

단수	색상명
4•5	스프링 그린
3	다크 네이비
2	피콕 그린
1	크림슨 레드

뜨는 방법
2~4단… 앞단의 **사슬뜨기**를 다발로 주워서 뜬다.
5단… 앞단에서 주울 코가 **사슬뜨기**일 때는 다발로 주워서 뜬다.

▽ = 실 잇기
▼ = 실 자르기

14 사각형 모티브 Photo >> p.23

【실】
다루마 이로이로 /
소다 팝(22)…9g

【바늘】
코바늘 4/0호

【완성 치수】
모티브 한 변 길이 10cm

⊥ = 한길긴뜨기 앞걸어뜨기

⊥ = 두길긴뜨기 앞걸어뜨기

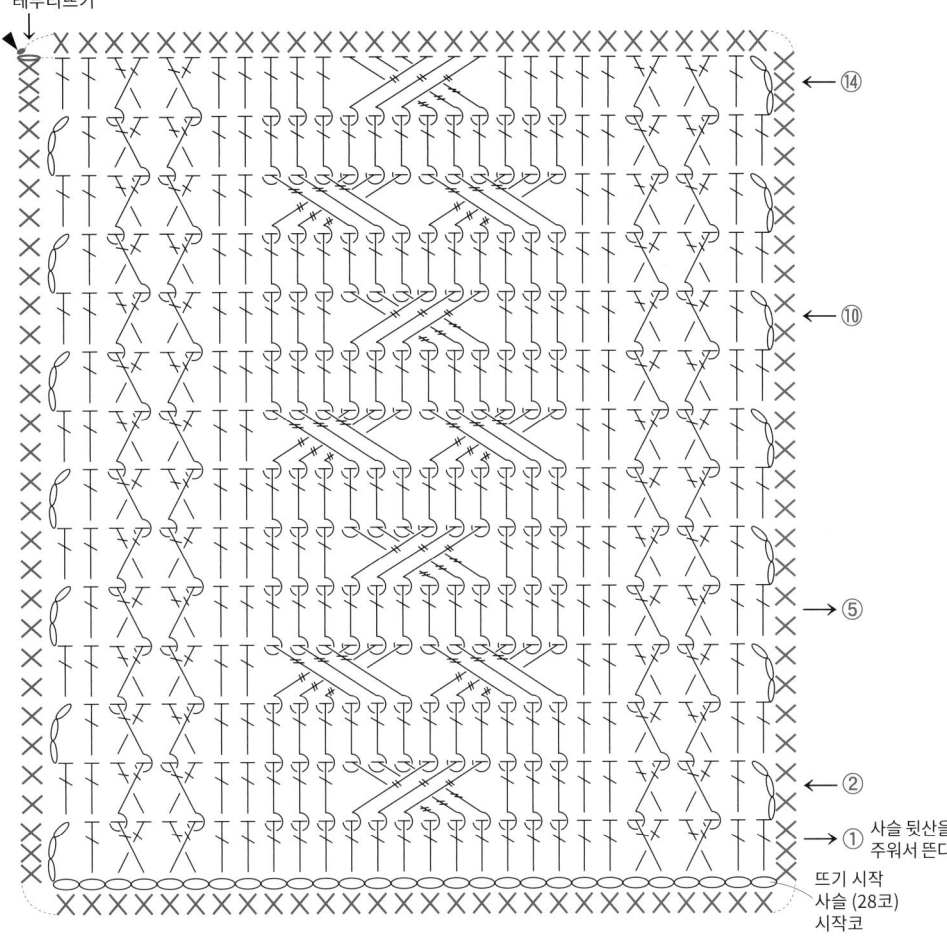

16 사각형 모티브 Photo >> p.24

【실】
하마나카 아메리 /
넛맥(49)…3g, 아쿠아 블루(11)…2g,
베이지(21)・레몬 옐로(25)…각 1g

【바늘】
코바늘 5/0호

【완성 치수】
모티브 한 변 길이 10cm

▽ = 실 잇기
▼ = 실 자르기

배색표

단수	색상명
5・6	넛맥
3・4	아쿠아 블루
2	베이지
1	레몬 옐로

 = 긴뜨기 5코 변형 구슬뜨기(코를 주워서 뜬다)

뜨는 방법
2단…앞단의 **사슬뜨기**를 다발로 주워서 뜬다.
3단… ✕ 는 2단의 **사슬뜨기**를 감싸면서 1단의 **한길긴뜨기** 머리를 주워서 뜬다.
5단…앞단의 **사슬뜨기**를 다발로 주워서 뜬다.
6단…앞단에서 주울 코가 **사슬뜨기**일 때는 다발로 주워서 뜬다.

17 사각형 모티브　　Photo >> p.24

【실】
하마나카 아메리 /
포레스트 그린(34)…3g,
퍼플(18)・플럼 레드(32)…각 2g,
라일락(42)…1g

【바늘】
코바늘 5/0호

【완성 치수】
모티브 한 변 길이 10cm

배색표

단수	색상명
6・7	포레스트 그린
5	플럼 레드
3・4	퍼플
2	라일락
1	플럼 레드

◊ = 한길긴뜨기 3코 구슬뜨기(코를 주워서 뜬다)

뜨는 방법
3단… 앞단의 **사슬뜨기**를 다발로 주워서 뜬다.
4・6・7단… 앞단에서 주울 코가 **사슬뜨기**일 때는 다발로 주워서 뜬다.

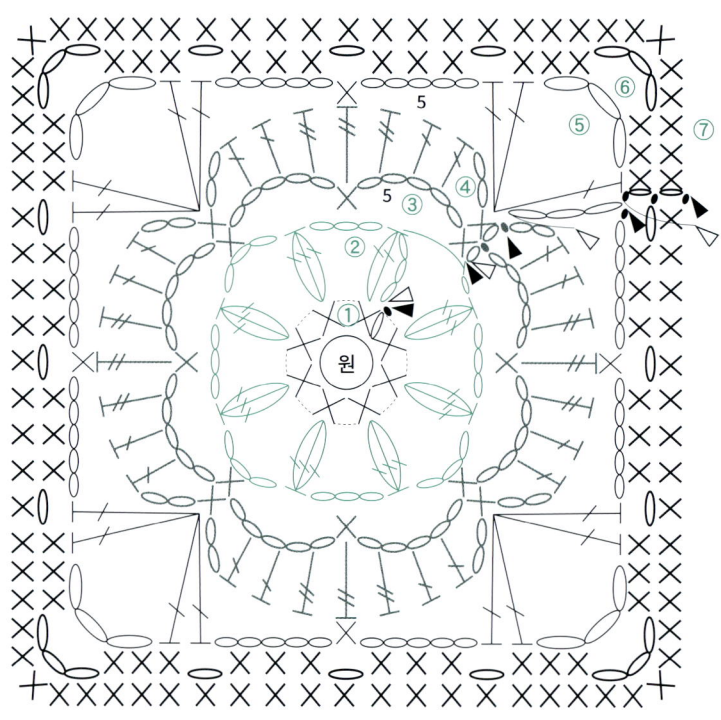

18 사각형 모티브　　Photo >> p.24

【실】
하마나카 아메리 /
포기 스카이(39)…4g,
피콕 그린(47)…3g

【바늘】
코바늘 5/0호

【완성 치수】
모티브 한 변 길이 10cm

▽ = 실 잇기
▼ = 실 자르기

배색표

	색상명
(녹색)	피콕 그린
(검정)	포기 스카이

✕ = 짧은뜨기 줄기뜨기

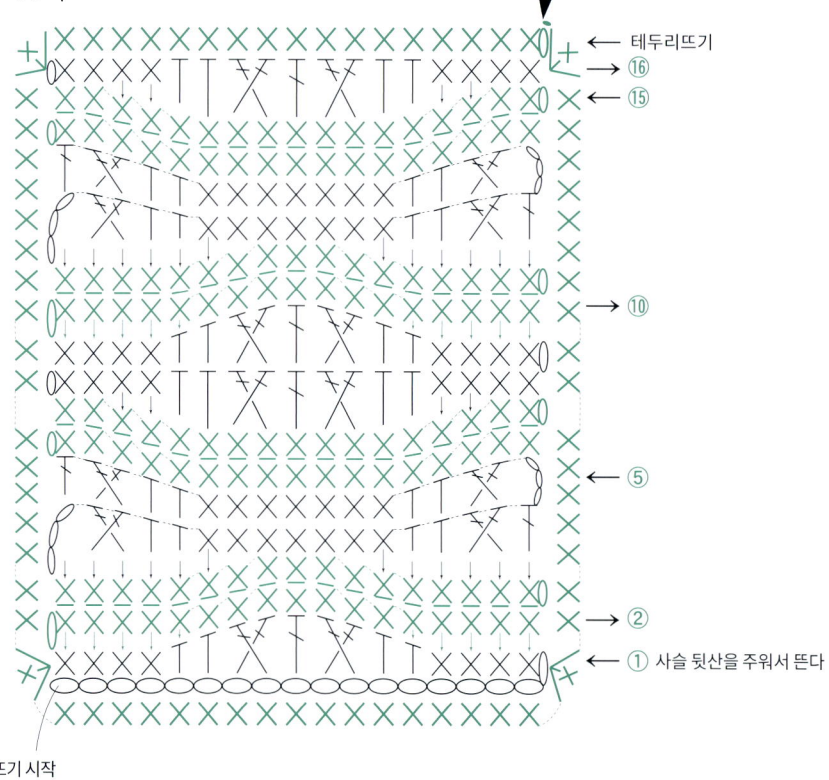

19 사각형 모티브　　Photo >> p.25　　Point Lesson >> p.36

【실】
다루마 셰틀랜드 울 /
에메랄드(13)…2g
원모에 가까운 메리노 울/
라이트 베이지(2)…3.5g, 딥 오렌지(18)…1.5g

【바늘】
코바늘 6/0호

【완성 치수】
모티브 한 변 길이 10cm

▽ =실 잇기
▼ =실 자르기

● = 쿠션의 **테두리뜨기** 코 늘리는 위치

= 바늘에 걸린 고리를 길게 늘여서 자른다.
자른 실 끝으로 둘째 코의 머리를 주운 뒤 첫째 코의 머리에 겹치듯이 유턴시켜서 첫째 코로 되돌아간다.

뜨기시작 사슬(17코) 시작코

── =a색
── =b색
── =c색

⊗ = 1단의 **한길긴뜨기** 둘째 코와 셋째 코 사이의 ●에 떠 넣는다.

배색표

a색	b색	c색
오트밀	딥 오렌지	에메랄드

20 사각형 모티브　　Photo >> p.25

【실】
다루마 랑부예 메리노 울 /
카멜(3)…6.5g

【바늘】
코바늘 6/0호

【완성 치수】
모티브 한 변 길이 10cm

뜨는 방법
2~6단… 앞단에서 주울 코가 **사슬뜨기**일 때는 다발로 주워서 뜬다.

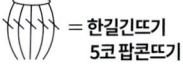 = **한길긴뜨기 5코 팝콘뜨기**

63

21 사각형 모티브　　Photo >> p.25

【실】
다루마 랑부예 메리노 울/
카멜(3)…2g
셰틀랜드 울/
오트밀(2)…2g,
에메랄드(13)·옐로(14)…각 1.5g

【바늘】
코바늘 6/0호

【완성 치수】
모티브 한 변 길이 10cm

뜨는 방법
3·4단… 앞단의 **사슬뜨기**를 다발로 주워서 뜬다.
5·6단… 앞단에서 주울 코가 **사슬뜨기**일 때는 다발로 주워서 뜬다.

▶ = 바늘에 걸린 고리를 길게 늘여서 자른다. 자른 실 끝으로 둘째 코의 머리를 주운 뒤 첫째 코의 머리에 겹치듯이 유턴시켜서 첫째 코로 되돌아간다.

배색표

단수	색상명
6	오트밀
5	카멜
4	에메랄드
3	옐로
2	오트밀
1	카멜

22 사각형 모티브　　Photo >> p.26　　Point Lesson >> p.37

【실】
다루마 원모에 가까운 메리노 울/
라임 그린(15)·딥 오렌지(18)…각 2g,
라이트 베이지(2)…3g

【바늘】
코바늘 7/0호

【완성 치수】
모티브 한 변 길이 10cm

▽ = 실 잇기
▼ = 실 자르기

배색표

딥 오렌지	라임 그린	라이트 베이지
—	—	—

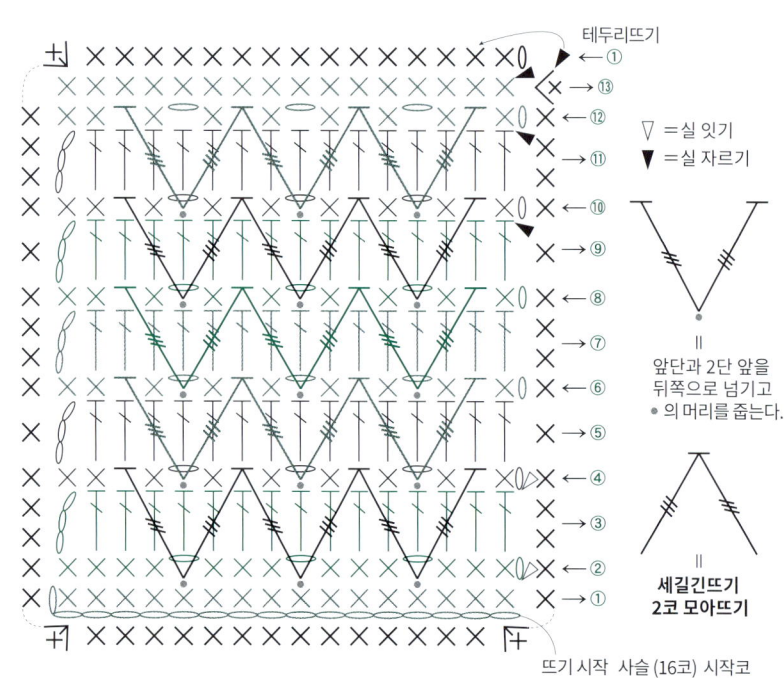

23 사각형 모티브　Photo >> p.26

【실】
다루마 공기를 섞어 만든 울 알파카 /
네이비×에크루(10)…5g,
에크루(1)…2g

【바늘】
코바늘 6/0호

【완성 치수】
모티브 한 변 길이 10cm

배색표

	색상명
——	에크루
≡≡	네이비×에크루

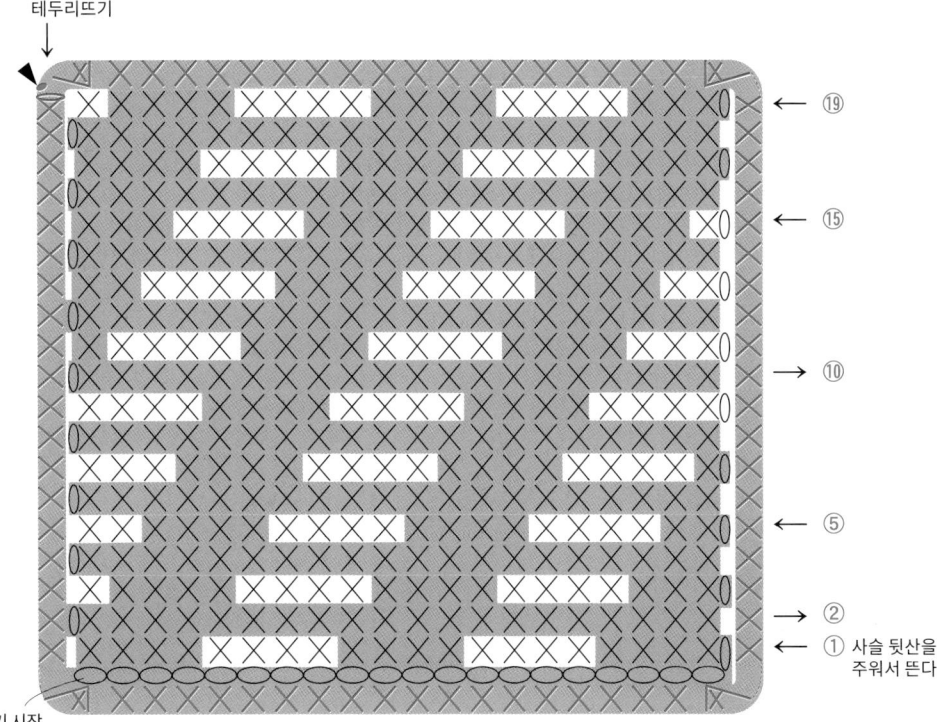

24 사각형 모티브　Photo >> p.26　Point Lesson >> p.37

【실】
다루마 둘시안 <합세사 모헤어> /
옐로(17)・그레이(39)…각 4g

【바늘】
코바늘 8/0호

【완성 치수】
모티브 한 변 길이 10cm

▽ = 실 잇기
▼ = 실 자르기

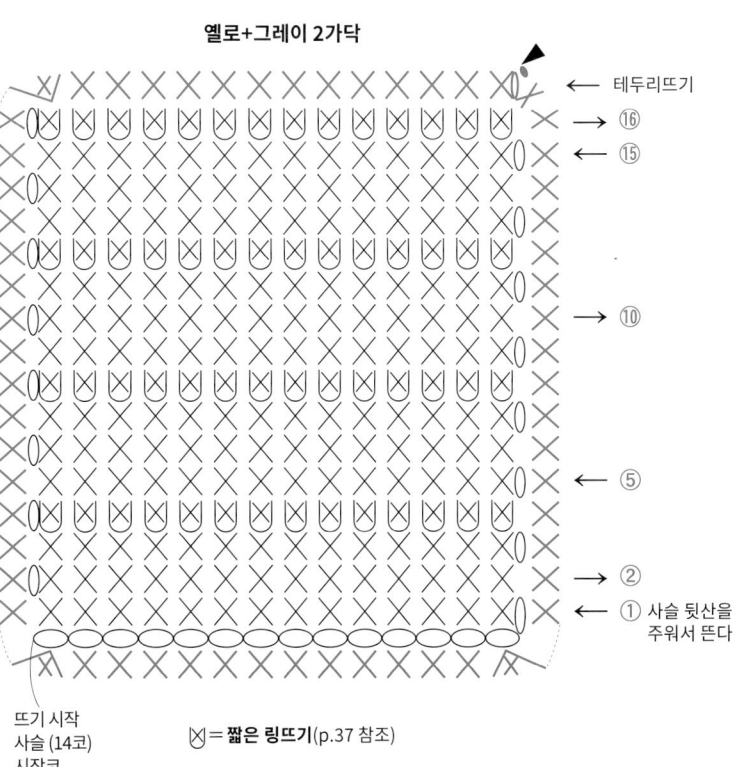

25 사각형 모티브　Photo >> p.27

【실】
하마나카 아메리 F《합태사》/
버밀리언 오렌지 (507) · 카멜 (520) ·
그레이지 (522) · 그레이 (523) … 각 1g

【바늘】
코바늘 4/0호

【완성 치수】
모티브 한 변 길이 10cm

배색표

단수	색상명
10	버밀리언 오렌지
9	카멜
8	버밀리언 오렌지
7	카멜
6	그레이
4·5	그레이지
3	카멜
1·2	버밀리언 오렌지

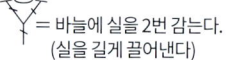 = 바늘에 실을 2번 감는다.
(실을 길게 끌어낸다)
두길긴뜨기를 뜬 뒤
사슬 1코를 뜬다. 바늘에 실을 걸고
두길긴뜨기의 아래를 주워서
실을 끌어낸 뒤 **한길긴뜨기**를 뜬다.

= 긴뜨기 3코 구슬뜨기(다발로 주워서 뜬다)

뜨는 방법
2·3 단… 앞단의 사슬뜨기를 다발로 주워서 뜬다.
4~7 단… 앞단에서 주울 코가 사슬뜨기일 때는
다발로 주워서 뜬다.

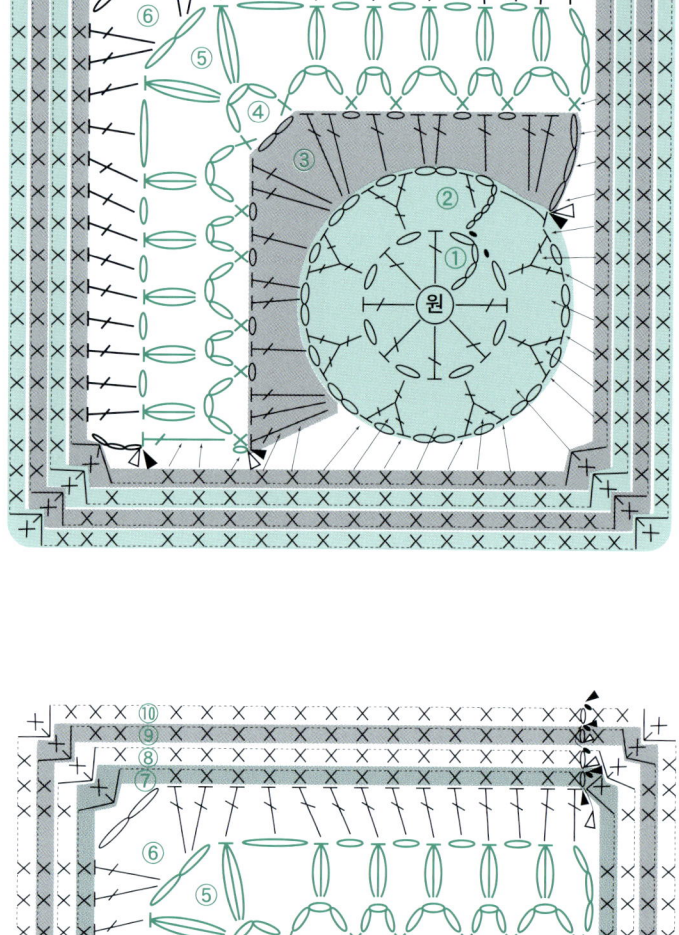

26 사각형 모티브　Photo >> p.27

【실】
하마나카 피콜로 /
화이트 (2) · 핑크 (5) · 레몬 (8) · 라이트
블루 (43) · 옐로 그린 (48) … 각 1g

【바늘】
코바늘 4/0호

【완성 치수】
모티브 한 변 길이 10cm

배색표

단수	색상명
10	화이트
9	핑크
8	화이트
7	레몬
6	화이트
4·5	옐로 그린
3	화이트
1·2	라이트 블루

▽ = 실 잇기
▼ = 실 자르기

= 긴뜨기 3코 구슬뜨기(다발로 주워서 뜬다)

뜨는 방법
2·3 단… 앞단의 사슬뜨기를 다발로 주워서 뜬다.
4~7 단… 앞단에서 주울 코가 사슬뜨기일 때는
다발로 주워서 뜬다.

27 직사각형 모티브 Photo >> p.28 Point Lesson >> p.38

【실】
다루마 클래식 트위드 /
브라운(6)…10.5g
긱/
레몬×코발트 그린(9)…6.5g

【바늘】
코바늘 8/0호

【완성 치수】
10cm×20cm

▽ = 실 잇기
▼ = 실 자르기

= 변형 짧은뜨기 3코 모아뜨기
○표시의 짧은뜨기 머리에 바늘을 넣은 뒤 안쪽에서 실을 걸어 겉쪽으로 빼낸다.

─ = 브라운
═ = 레몬×코발트 그린

= 바늘에 걸린 고리를 길게 늘여서 자른다. 자른 실 끝으로 둘째 코의 머리를 주운 뒤 첫째 코의 머리에 겹치듯 유턴시켜서 첫째 코로 되돌아간다.

테두리뜨기

8단 1무늬를 4회 반복한다

사슬 뒷산을 주워서 뜬다

뜨기 시작 사슬(12코) 시작코

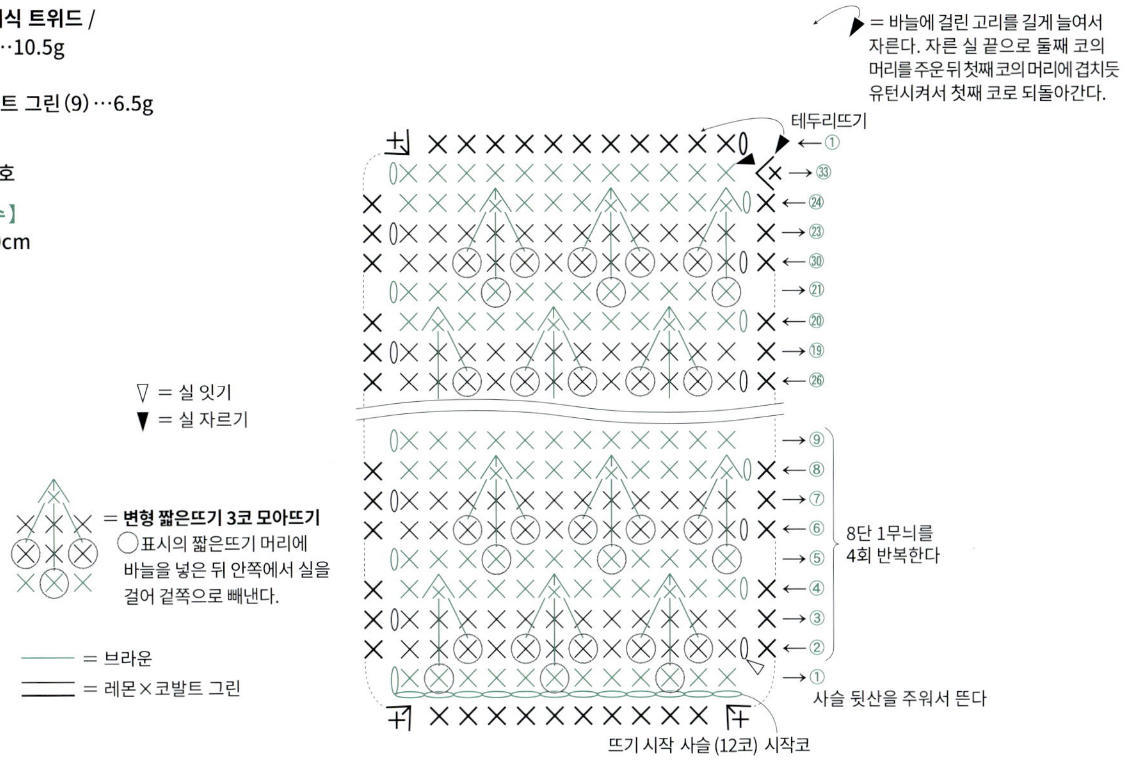

28 직사각형 모티브 Photo >> p.28

【실】
다루마 셰틀랜드 울/
오트밀(2)…14.5g

【바늘】
코바늘 6/0호

【완성 치수】
10cm×20cm

= 한길긴뜨기 앞걸어뜨기

= 한길긴뜨기 앞걸어뜨기 2코 모아뜨기

= 바늘에 걸린 고리를 길게 늘여서 자른다. 자른 실 끝으로 둘째 코의 머리를 주운 뒤 첫째 코의 머리에 겹치듯이 유턴시켜서 첫째 코로 되돌아간다.

테두리뜨기

4단 1무늬를 6회 반복한다

사슬 뒷산을 주워서 뜬다

뜨기 시작 사슬(18코) 시작코

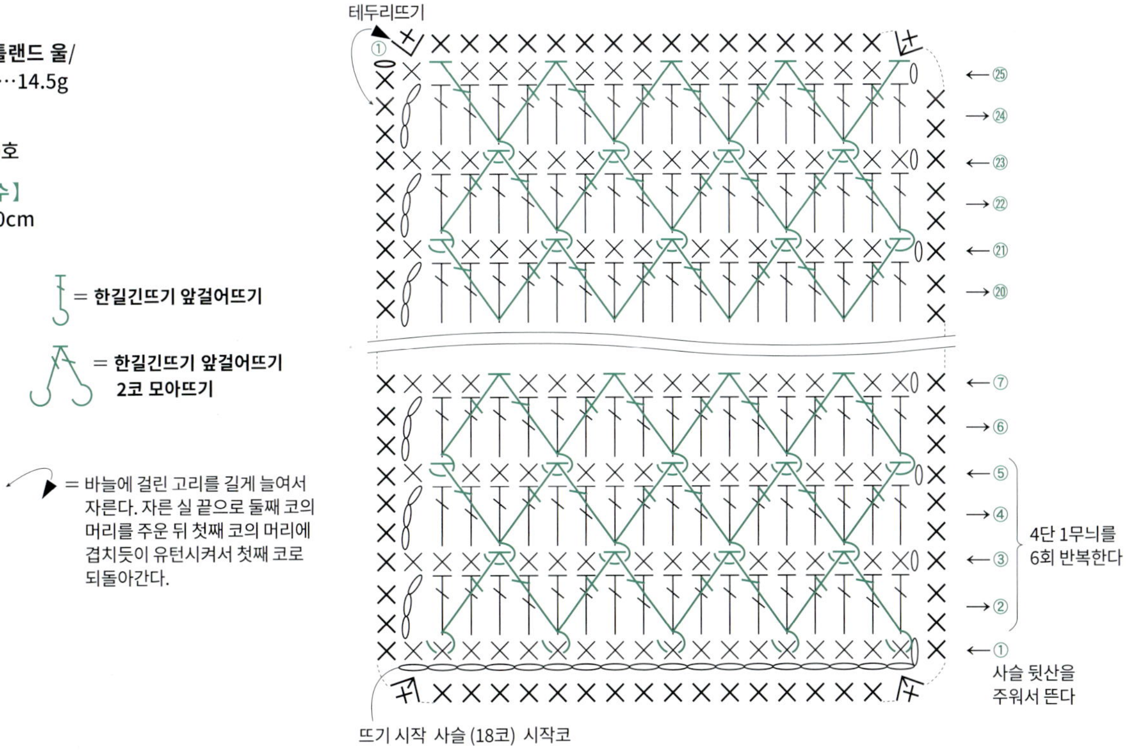

29 직사각형 모티브 Photo >> p.29

[실]
다루마 원모에 가까운 메리노 울 /
더스티 핑크(22)…13g

[바늘]
코바늘 7/0호

[완성 치수]
10cm×20cm

▼ = 실 자르기

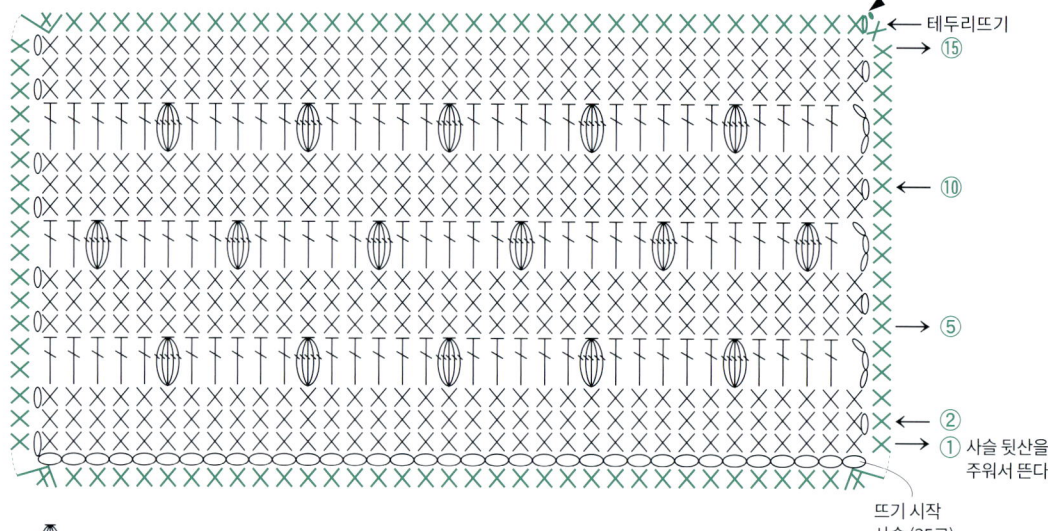

= 한길긴뜨기 5코 구슬뜨기(코를 주워서 뜬다)

30 직사각형 모티브 Photo >> p.29

[실]
다루마 소프트 램 /
에크루(2)・그린 애플(18)…각 5g, 그린(40)…3g

[바늘]
코바늘 6/0호

[완성 치수]
10cm×20cm

배색표

	색상명
	그린
	그린 애플
	에크루

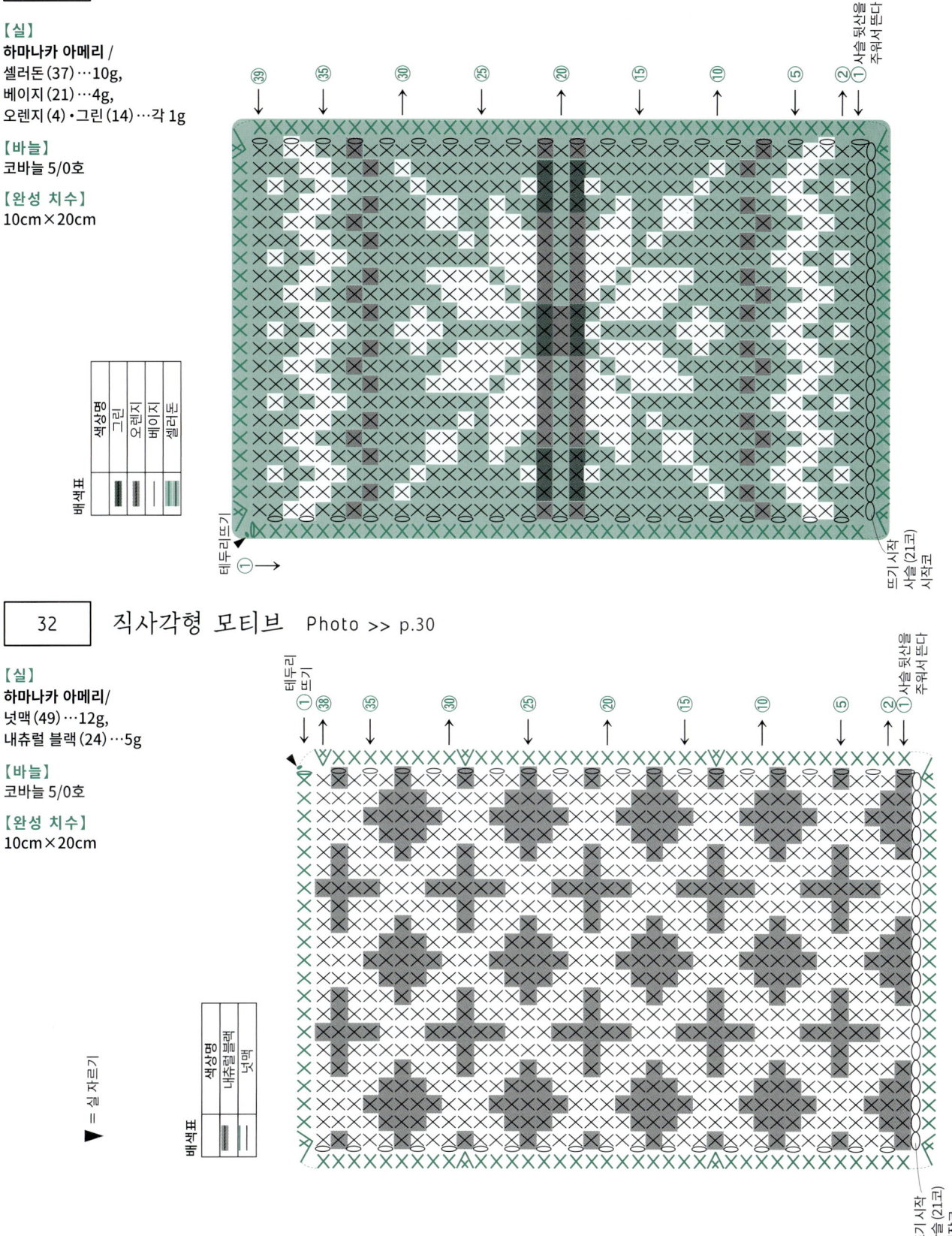

33 직사각형 모티브 Photo >> p.31

【실】
하마나카 아메리/
그래스 그린(13)…16g

【바늘】
코바늘 5/0호

【완성 치수】
10cm×20cm

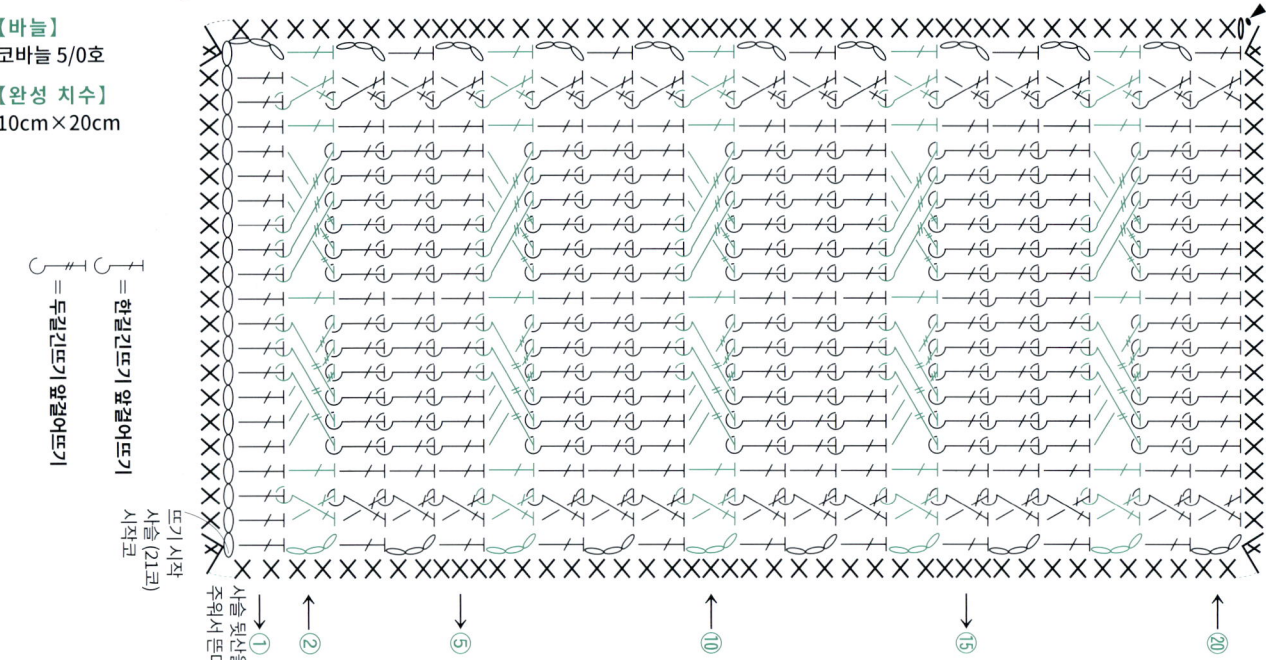

34 직사각형 모티브 Photo >> p.31   Point Lesson >> p.38

【실】
하마나카 아메리/오트밀(40)…14g

【바늘】
코바늘 5/0호

【완성 치수】
10cm×20cm

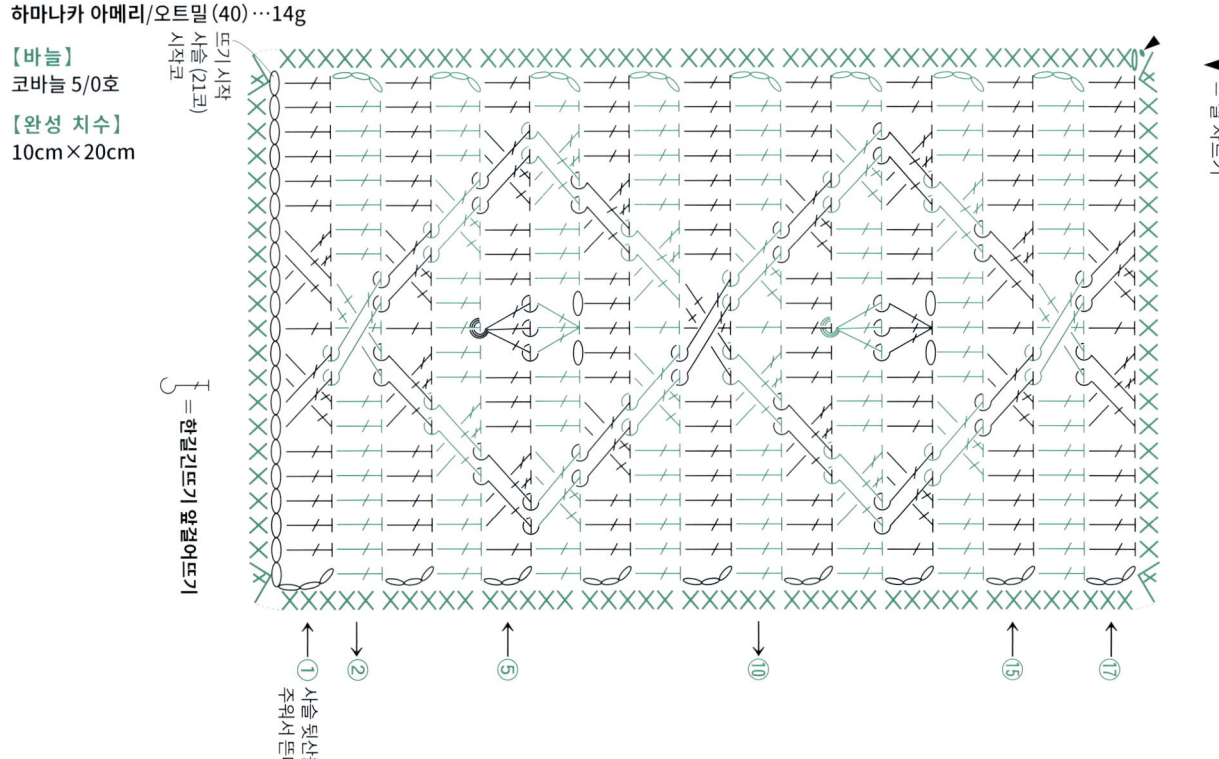

35　직사각형 모티브　Photo >> p.32

【실】
하마나카 아메리 /
내츄럴 화이트(20)…7g, 오트밀(40)
…3g, 시나몬(50)…6g

【바늘】
코바늘 5/0호

【완성 치수】
10cm×20cm

▽ = 실 잇기
▼ = 실 자르기

배색표

단수	색상명
5	내츄럴 화이트
4	시나몬
3	오트밀
2	내츄럴 화이트
1	시나몬

뜨는 방법
2~5단
앞단에서 주울 코가 사슬뜨기
일 때는 다발로 주워서 뜬다.
그 외에는 앞단의 코와 코 사이를
다발로 주워서 뜬다.

뜨기 시작 사슬(22코) 시작코
사슬 뒷산을 주워서 뜬다

36　직사각형 모티브　Photo >> p.32

【실】
다루마 소프트 램 /
그린 애플(18)…11g, 에크루(2)…4g

【바늘】
코바늘 5/0호

【완성 치수】
10cm×20cm

배색표

	색상명
──	에크루
══	그린 애플

▼ 테두리뜨기
→ ㉔
→ ⑳
← ⑮
← ⑩
← ⑤
→ ②
← ①

뜨기 시작
사슬(49코)
시작코

사슬 뒷산을 주워서 뜬다

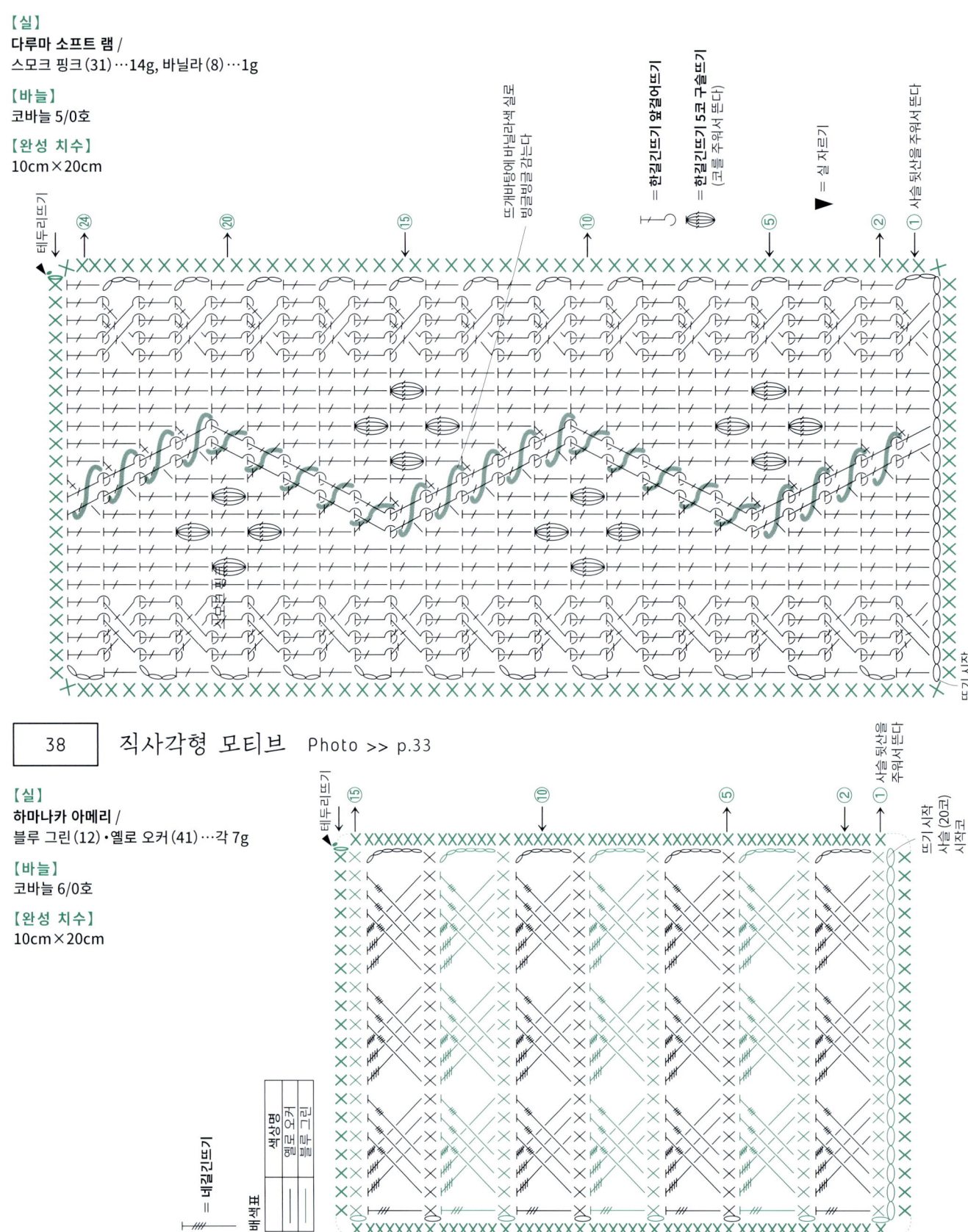

39 육각형 모티브   Photo >> p.34

【실】
하마나카 피콜로 /
골드(25)·딥 핑크(22)·그레이(50)·네온 옐로(56)·네온 오렌지(58)
…각 3g

【바늘】
코바늘 4/0호

【완성 치수】
모티브 한 변 길이 10cm

배색표

단수	색상명
11	그레이
10	라임
9	딥 핑크
8	골드
7	오렌지
6	그레이
5	라임
4	딥 핑크
3	골드
2	오렌지
1	그레이

뜨는 방법

2단 … 는 1단의 ◯코를 주워서 뜬다.

10단 … 는 9단의 사슬뜨기를 다발로 주워서 뜬다.

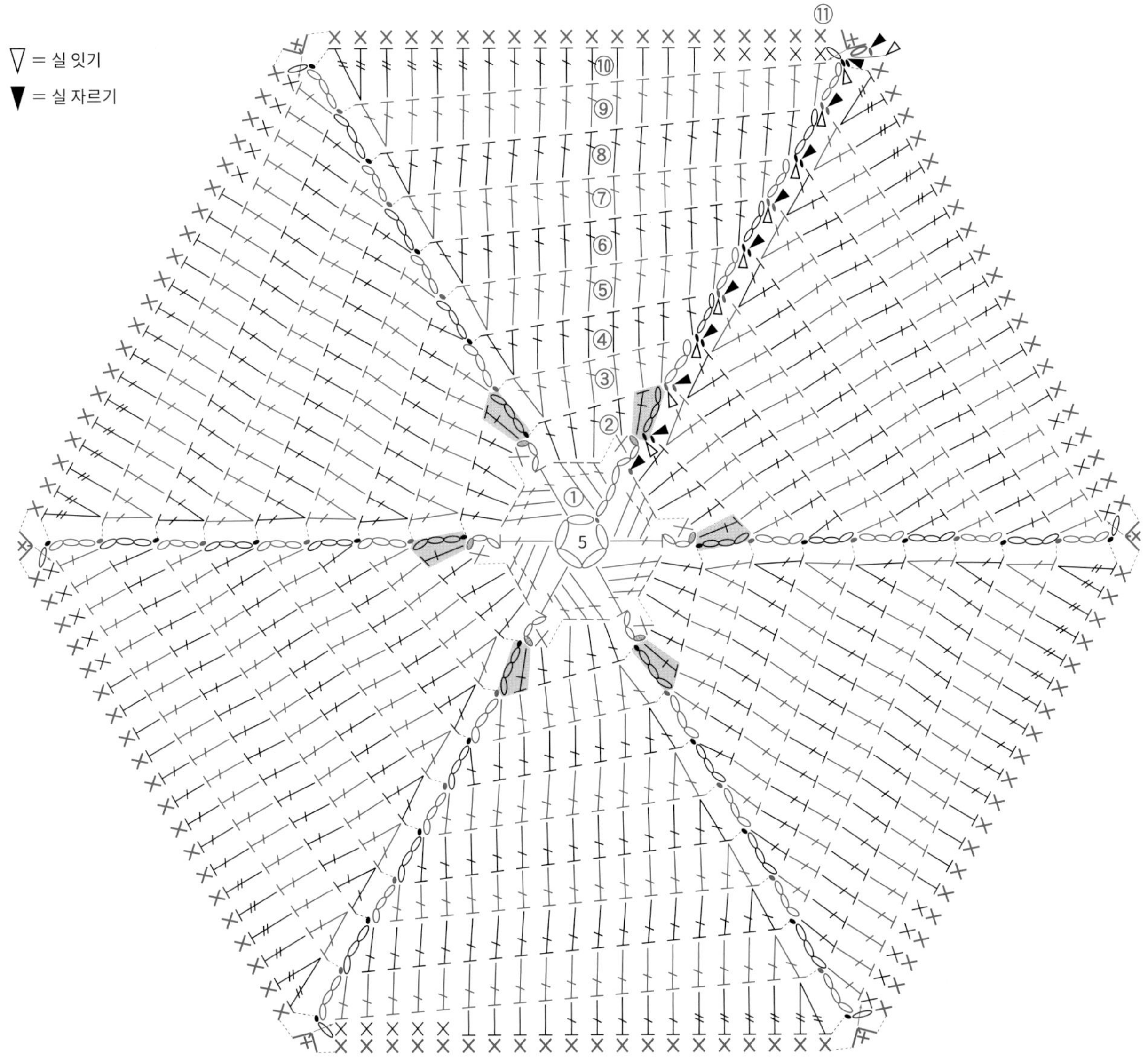

▽ = 실 잇기
▼ = 실 자르기

40 육각형 모티브 Photo >> p.35

【실】
하마나카 아메리 /
내츄럴 블랙(24)・옐로 오커(41)…각 6g, 그레이(22)…4g

【바늘】
코바늘 5/0호

【완성 치수】
모티브 한 변 길이 10cm

단수	색상명
9	내츄럴 블랙
8	옐로 오커
7	그레이
6	옐로 오커
5	내츄럴 블랙
4	옐로 오커
3	그레이
2	내츄럴 블랙
1	옐로 오커

배색표

▽ = 실 잇기
▼ = 실 자르기

뜨는 방법
2・3단…앞단의 사슬뜨기를 다발로 주워서 뜬다.
4단…✕ 2단의 코와 코 사이를 다발로 주워서 뜬다.
6~9단…앞단에서 주울 코가 사슬뜨기일 때는 다발로 주워서 뜬다.

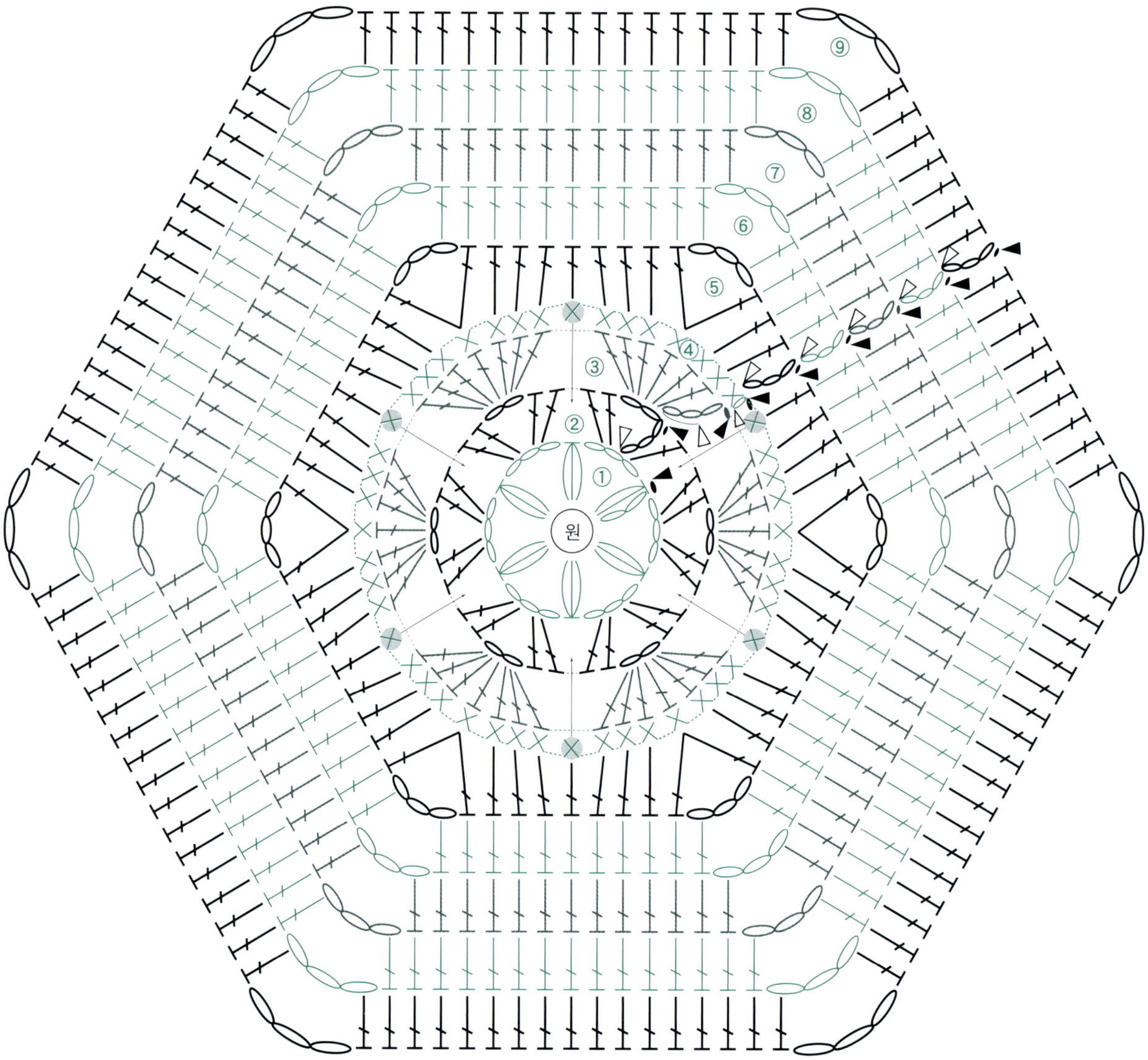

41 육각형 모티브 Photo >> p.35

【실】
하마나카 아메리/
내츄럴 화이트(20)…8g, 코럴 핑크(27)…3g,
플럼 레드(32)·스프링 그린(33)·피콕 그린(47)
…각 2g

【바늘】
코바늘 5/0호

【완성 치수】
모티브 한 변 길이 10cm

배색표

단수	색상명
11	코럴 핑크
10	피콕 그린
7·8·9	내츄럴 화이트
6	코럴 핑크
5	플럼 레드
2·3·4	스프링 그린
1	피콕 그린

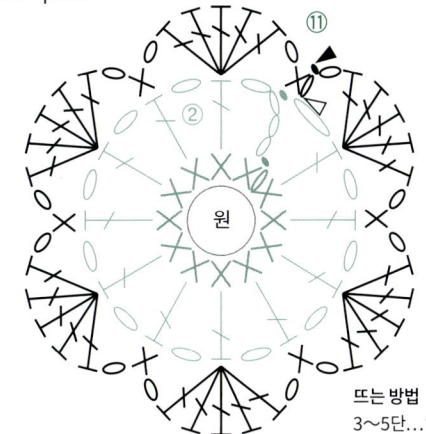

뜨는 방법
3~5단…앞단의 사슬뜨기를 다발로 주워서 뜬다.
8~10단…앞단에서 주울 코가 사슬뜨기일 때는 다발로 주워서 뜬다.
11단…2단의 한길긴뜨기에서 코를 주워서 뜬다.

▽ = 실 잇기
▼ = 실 자르기

6단…5단의 사슬을 감싸면서 4단의 × 짧은뜨기를 주워서 뜬다.

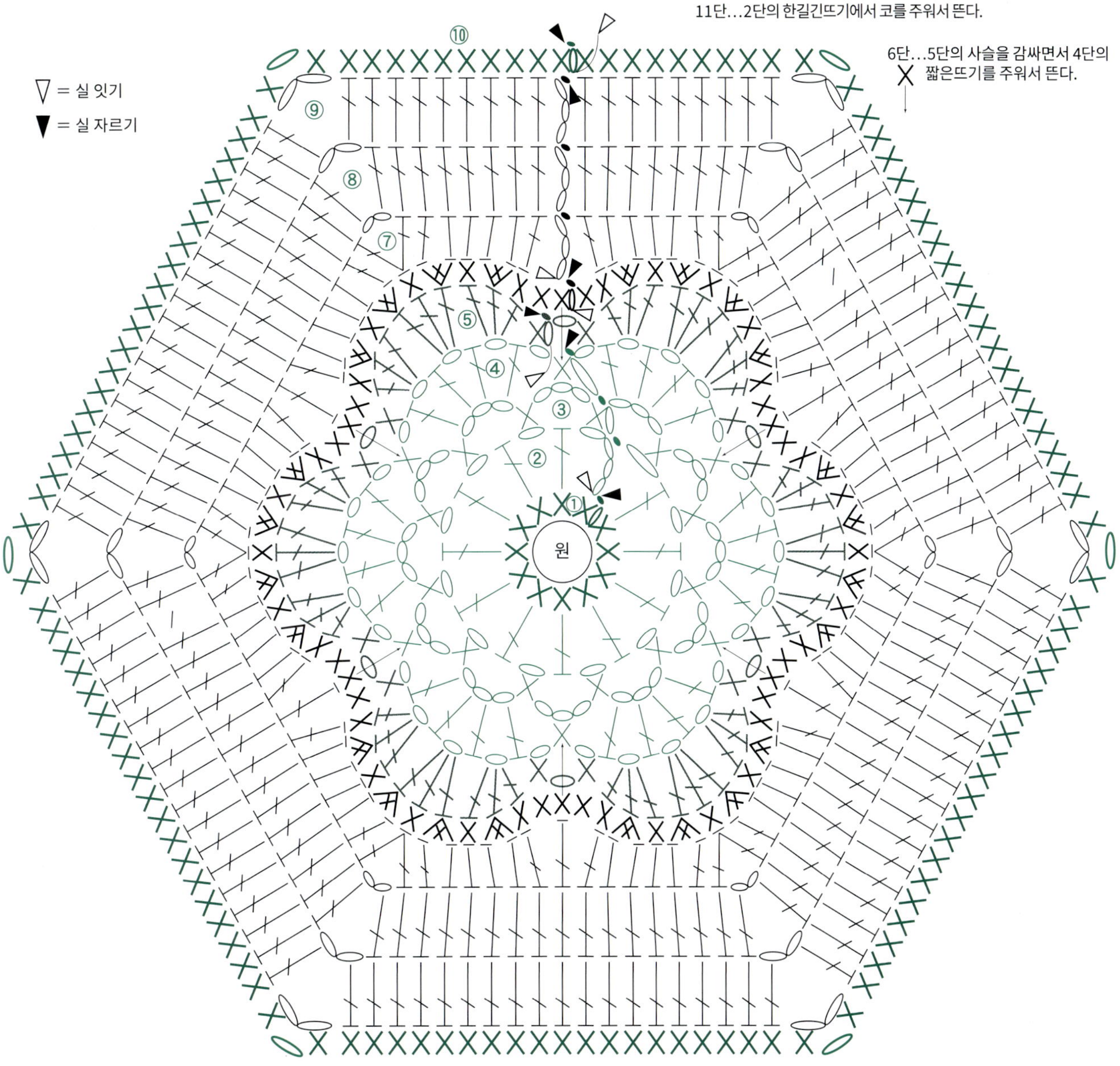

코바늘뜨기의 기초 Crochet

뜨개 도안 보는 법

모든 뜨개 도안은 겉쪽에서 본 모습을 JIS(일본공업규격) 기호로 표시한 것이다.
코바늘뜨기에는 겉코와 안코의 구별이 없으며(걸어뜨기코 제외) 겉쪽과 안쪽을 번갈아 보며 뜨는 평면뜨기일 때도 기호 표시 방법은 같다.

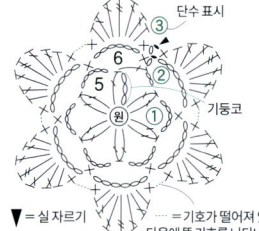

중심에서부터 원형으로 뜰 때

중심에 원(또는 사슬코)을 만든 뒤 1단씩 원을 그리듯이 뜬다. 각 단을 시작할 때 기둥코를 세워 뜬다. 기본적으로는 뜨개바탕의 겉쪽을 보면서 뜨는데 도안을 오른쪽에서 왼쪽으로 보며 뜬다.

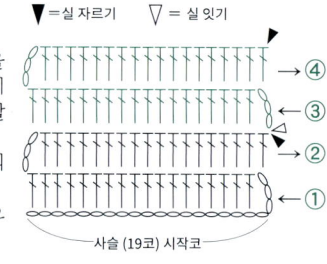

평면뜨기할 때

좌우에 기둥코가 있는 것이 특징으로 오른쪽에 기둥코가 있을 때 뜨개바탕의 겉면을 보면서 도안을 오른쪽에서 왼쪽으로 보며 뜬다.
왼쪽에 기둥코가 있을 때는 안면을 보면서 도안을 왼쪽에서 오른쪽으로 보며 뜬다. 왼쪽 그림은 3단에서 배색실로 바꾼 도안이다.

실과 바늘 잡는 법

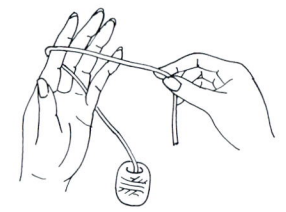

1 왼손의 소지와 약지 사이에서 실을 앞으로 빼서 검지에 걸고 실 끝이 앞으로 나오게 한다.

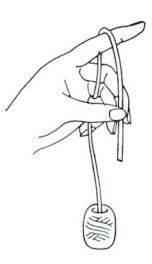

2 엄지와 중지로 실 끝을 잡고, 검지를 세워 실을 팽팽하게 한다.

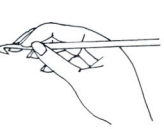

3 바늘은 엄지와 검지로 잡고, 바늘 끝에 중지를 가볍게 댄다.

첫 코 만드는 법

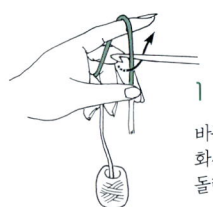

1 바늘을 실 뒤쪽에 두고 화살표처럼 바늘 끝을 돌린다.

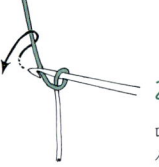

2 다시 바늘 끝에 실을 건다.

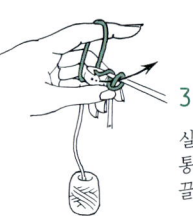

3 실을 고리 안으로 통과시켜 앞으로 끌어낸다.

4 실 끝을 당겨 코를 조이면 첫 코 완성 (이 코는 1코로 세지 않는다).

시작코

원/중심에서부터 원형으로 뜰 때
(실 끝으로 원을 만든다)

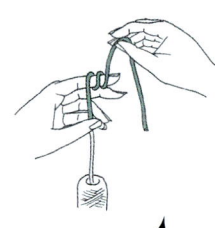

1 왼손 검지에 실을 2번 감아 원을 만든다.

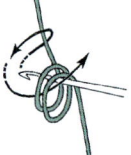

2 손가락에서 원을 빼서 손으로 잡고, 원 안으로 바늘을 넣은 뒤 화살표처럼 실을 걸어 앞으로 끌어낸다.

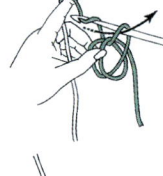

3 다시 바늘 끝에 실을 걸어 실을 끌어낸 뒤 기둥코가 될 사슬 1코를 뜬다.

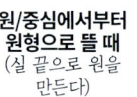

4 1단은 원 안으로 바늘을 넣어 필요한 콧수만큼 짧은뜨기를 뜬다.

5 잠시 바늘을 빼고 처음에 만든 원의 실(1)과 실 끝(2)을 차례로 잡아 당겨 원을 조인다.

6 1단 끝에서는 첫 번째 짧은뜨기 머리에 바늘을 넣고 실을 걸어 빼낸다.

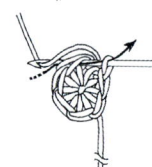

중심에서부터 원형으로 뜰 때
(사슬로 원을 만든다)

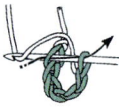

1 필요한 콧수만큼 사슬을 뜬 뒤 첫째 사슬의 반 코에 바늘을 넣고 실을 걸어 빼낸다.

2 바늘 끝에 실을 걸어 실을 끌어낸다. 이것이 기둥코 사슬이 된다.

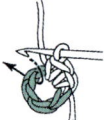

3 1단은 원 안으로 바늘을 넣은 뒤 사슬을 다발로 주워 필요한 콧수만큼 짧은뜨기를 뜬다.

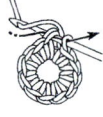

4 1단 끝에서는 첫 번째 짧은뜨기 머리에 바늘을 넣고 실을 걸어 빼낸다.

평면뜨기할 때

1 필요한 콧수의 사슬과 기둥코가 될 사슬을 뜬 뒤 기둥코 직전 사슬에 바늘을 넣고 실을 걸어 끌어낸다.

2 바늘 끝에 실을 걸어 화살표처럼 실을 끌어낸다.

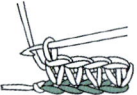

3 1단을 뜬 모습 (기둥코 사슬 1코는 1코로 세지 않는다).

사슬코 보는 법

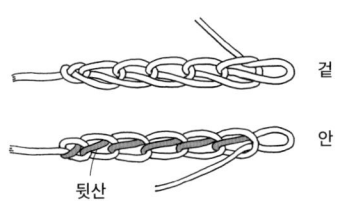

겉
안
뒷산

사슬코에는 겉과 안이 있다. 안쪽 중앙에 1줄이 나와 있는 부분을 사슬의 '뒷산'이라고 한다.

앞단에서 코 줍는 법

1코에 떠 넣기

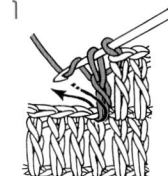 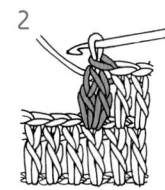
1   2

사슬뜨기를 다발로 주워서 뜨기

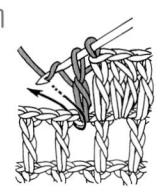 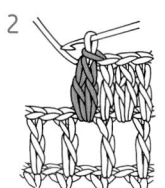
1   2

같은 구슬뜨기라도 기호에 따라 코 줍는 법이 달라진다. 기호 아래가 닫혀 있으면 앞단의 1코에 떠 넣고, 기호 아래가 열려 있으면 앞단의 사슬뜨기를 다발로 주워서 뜬다.

뜨개 기호

○ 사슬뜨기

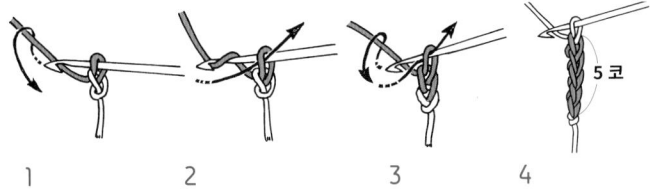

1. 첫 코를 만든 뒤 바늘 끝에 실을 건다.
2. 바늘 끝에 건 실을 끌어내서 사슬코를 완성한다.
3. 같은 방법으로 반복해서 뜬다.
4. 사슬뜨기 5코 완성.

● 빼뜨기

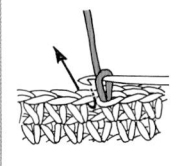  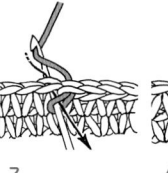

1. 앞단의 코에 바늘을 넣는다.
2. 바늘 끝에 실을 건다.
3. 실을 한꺼번에 빼낸다.
4. 빼뜨기 1코 완성.

× 짧은뜨기

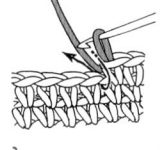  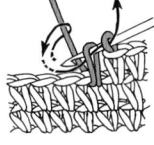

1. 앞단의 코에 바늘을 넣는다.
2. 바늘 끝에 실을 걸어 화살표처럼 앞으로 끌어낸다(끌어낸 상태를 미완성의 짧은뜨기라고 한다).
3. 한 번 더 바늘 끝에 실을 걸어 고리 2개를 한꺼번에 빼낸다.
4. 짧은뜨기 1코 완성.

┬ 긴뜨기

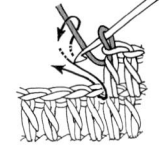 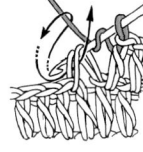 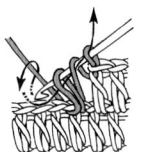 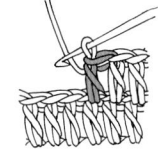

1. 바늘 끝에 실을 걸고 앞단의 코에 바늘을 넣는다.
2. 다시 바늘 끝에 실을 걸어 앞으로 끌어낸다 (끌어낸 상태를 미완성의 긴뜨기라고 한다).
3. 바늘 끝에 실을 걸어 고리 3개를 한꺼번에 빼낸다.
4. 긴뜨기 1코 완성.

┼ 한길긴뜨기

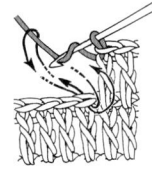 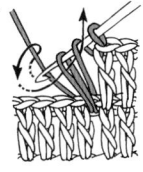 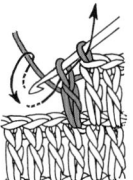 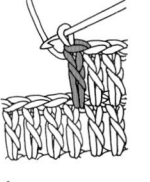

1. 바늘 끝에 실을 걸고 앞단의 코에 바늘을 넣는다. 다시 실을 걸어 앞으로 끌어낸다.
2. 화살표처럼 바늘 끝에 실을 걸어 고리 2개를 빼낸다 (빼낸 상태를 미완성의 한길긴뜨기라고 한다).
3. 한 번 더 바늘 끝에 실을 걸어 남은 고리 2개를 빼낸다.
4. 한길긴뜨기 1코 완성.

╪ 두길긴뜨기 ╫ 세길긴뜨기 = (●)

※두길긴뜨기나 세길긴뜨기 이외일 때도 지정된 미완성의 기호를 지정 콧수만큼 떠 넣는다.

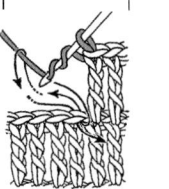  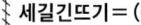 

1. 바늘 끝에 실을 2번(●=3번) 감고 앞단의 코에 바늘을 넣은 뒤 다시 실을 걸어 앞으로 끌어낸다.
2. 화살표처럼 바늘 끝에 실을 걸어 고리 2개를 빼낸다.
3. 같은 동작을 2번 더(●=3번) 반복한다.
 ※이 동작이 1번(●=2번) 끝난 상태를 미완성의 두길긴뜨기 (●=미완성의 세길긴뜨기)라고 한다.
4. 두길긴뜨기 1코 완성.

✕ 짧은뜨기 줄기뜨기

※ 다른 기호의 줄기뜨기일 때도 앞단의 뒤쪽 반 코를 주워 지정된 기호를 뜬다.

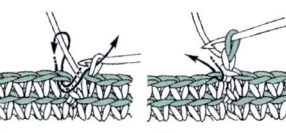 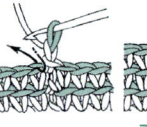 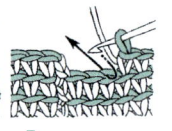 

1 단마다 겉면을 보며 뜬다. 짧은뜨기를 빙 둘러 1단 뜬 뒤 첫 코에서 빼낸다.

2 기둥코가 될 사슬 1코를 뜬 뒤 앞단의 뒤쪽 반 코를 주워 짧은뜨기를 뜬다.

3 같은방법으로 2의 방법을 반복해서 짧은뜨기를 계속 뜬다.

4 앞단 코의 앞쪽 반 코가 줄기 모양으로 남는다. 짧은뜨기 줄기뜨기 3단을 뜨는 모습.

✕ 짧은뜨기 이랑뜨기

※ 다른 기호의 이랑뜨기일 때도 앞단의 뒤쪽 반 코를 주워 지정된 기호를 뜬다.

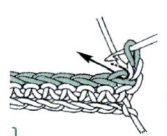 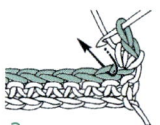 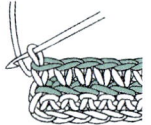

1 앞단 코의 뒤쪽 반 코에 화살표처럼 바늘을 넣는다.

2 짧은뜨기를 뜬 뒤 다음 코도 같은 방법으로 뒤쪽 반 코에 바늘을 넣는다.

3 끝까지 뜨고 나면 뜨개바탕을 뒤집는다.

4 1·2와 같은 방법으로 뒤쪽 반 코에 바늘을 넣어 짧은뜨기를 뜬다.

✕ 짧은뜨기 2코 늘려뜨기

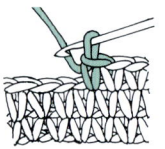 

✕ 짧은뜨기 3코 늘려뜨기

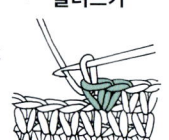 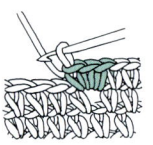

1 짧은뜨기를 1코 뜬다.

2 같은 코에 바늘을 넣고 고리를 끌어내 짧은뜨기를 뜬다.

3 짧은뜨기를 2코 떠 넣은 모습. 같은 코에 1코 더 짧은뜨기를 뜬다.

4 앞단의 1코에 짧은뜨기를 3코 떠 넣은 모습. 앞단보다 2코 늘어난 상태.

✕ 짧은뜨기 2코 모아뜨기

※ 콧수가 2코 이외이거나 짧은뜨기 이외일 때, 지정된 미완성의 기호를 지정 콧수만큼 뜬 뒤 바늘 끝에 실을 걸어 바늘에 걸려 있는 고리를 한꺼번에 빼낸다.

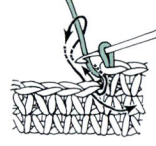  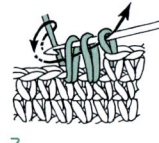 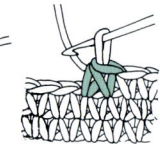

1 앞단의 코에 화살표처럼 바늘을 넣어 고리를 끌어낸다.

2 다음 코에서도 같은 방법으로 고리를 끌어낸다.

3 바늘 끝에 실을 걸어 화살표처럼 고리 3개를 한꺼번에 빼낸다.

4 짧은뜨기 2코 모아뜨기 완성. 앞단보다 1코 줄어든 상태.

한길긴뜨기 2코 늘려뜨기

※ 콧수가 2코 이외이거나 한길긴뜨기 이외일 때도, 앞단의 1코에 지정된 기호를 지정 콧수만큼 떠 넣는다.

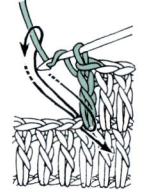 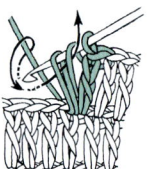 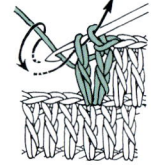 

1 한길긴뜨기를 1코 뜬다. 바늘 끝에 실을 건 뒤 같은 코에 바늘을 넣고 실을 걸어 끌어낸다.

2 바늘 끝에 실을 걸고 고리 2개를 빼낸다.

3 한 번 더 바늘 끝에 실을 걸어 남은 고리 2개를 빼낸다.

4 1코에 한길긴뜨기를 2코 떠 넣은 모습. 앞단보다 1코 늘어난 상태.

한길긴뜨기 2코 모아뜨기

※ 콧수가 2코 이외이거나 한길긴뜨기 이외일 때도, 지정된 미완성의 기호를 지정 콧수만큼 뜬 뒤 바늘 끝에 실을 걸어 바늘에 걸려 있는 고리를 한꺼번에 빼낸다.

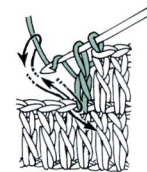 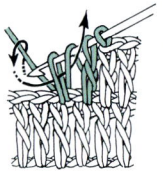 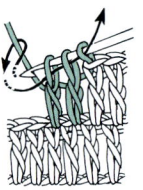

1 앞단의 1코에 미완성의 한길긴뜨기(p.77 참조)를 1코 뜨고 바늘 끝에 실을 건 뒤 다음 코에 화살표처럼 바늘을 넣고 실을 걸어 끌어낸다.

2 바늘 끝에 실을 걸고 고리 2개를 빼내서 두 번째 미완성의 한길긴뜨기를 뜬다.

3 바늘 끝에 실을 걸어 화살표처럼 고리 3개를 한꺼번에 빼낸다.

4 한길긴뜨기 2코 모아뜨기 완성. 앞단보다 1코 줄어든 상태.

한길긴뜨기 3코 구슬뜨기

※ 콧수가 3코 이외이거나 한길긴뜨기 이외일 때도, 앞단의 1코에 지정된 미완성의 기호를 지정 콧수만큼 뜬 뒤 3처럼 바늘에 걸려있는 고리를 한꺼번에 빼낸다.

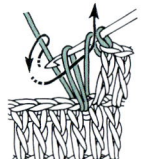 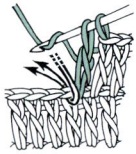 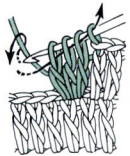 

1 앞단의 코에 미완성의 한길긴뜨기(p.77 참조)를 1코 뜬다.

2 같은 코에 바늘을 넣어 미완성의 한길긴뜨기를 계속해서 2코 뜬다.

3 바늘 끝에 실을 걸어 바늘에 걸려 있는 고리 4개를 한꺼번에 빼낸다.

4 한길긴뜨기 3코 구슬뜨기 완성.

긴뜨기 3코 변형 구슬뜨기

※ 콧수가 3코 이외이거나 긴뜨기 이외일 때도, 앞단의 1코에 지정된 미완성의 기호를 지정 콧수만큼 뜬 뒤 2처럼 지정 개수만큼 고리를 빼내 3처럼 바늘 끝에 실을 걸어 한꺼번에 빼낸다.

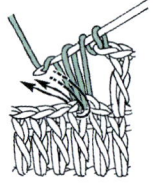 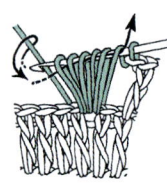  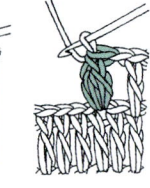

1 앞단의 코에 바늘을 넣어 미완성의 긴뜨기(p.77 참조)를 3코 뜬다.

2 바늘 끝에 실을 걸어 화살표처럼 고리 6개를 빼낸다.

3 한 번 더 바늘 끝에 실을 걸어 남은 코를 한꺼번에 빼낸다.

4 긴뜨기 3코 변형 구슬뜨기 완성.

한길긴뜨기 5코 팝콘뜨기

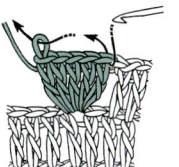  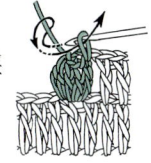

※ 콧수가 5코 이외일 때도 1에서 떠 넣은 콧수를 지정 콧수로 바꿔서 뜬다.

1 앞단의 같은 코에 한길긴뜨기를 5코 떠 넣은 뒤 잠시 바늘을 빼서 화살표처럼 한길긴뜨기의 첫째 코 머리와 잠시 빼둔 고리에 바늘을 다시 넣는다.

2 고리를 그대로 앞으로 끌어낸다.

3 다시 사슬뜨기를 1코 뜬 뒤 코를 조인다.

4 한길긴뜨기 5코 팝콘뜨기 완성.

사슬 3코 피코 빼뜨기

 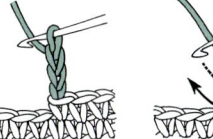 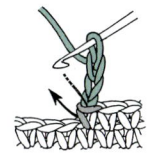  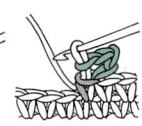

※ 콧수가 3코 이외일 때도 1에서 지정 콧수만큼 뜬 뒤 같은 방법으로 빼낸다.

1 사슬 3코를 뜬다.

2 짧은뜨기의 머리 반 코와 다리 1가닥에 바늘을 넣는다.

3 바늘 끝에 실을 걸어 화살표처럼 한꺼번에 빼낸다.

4 사슬 3코 피코 빼뜨기 완성.

한길긴뜨기 앞걸어뜨기

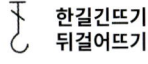

※ 왕복뜨기로 안면을 보며 뜰 때는 뒤걸어뜨기를 뜬다.
※ 다른 기호일 때도 1의 화살표처럼 바늘을 넣고 지정된 기호를 뜬다.

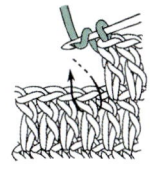 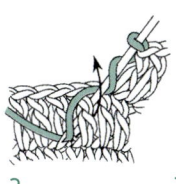

1 바늘 끝에 실을 걸고 앞단의 한길긴뜨기 다리에 화살표처럼 앞쪽에서 바늘을 넣는다.

2 바늘 끝에 실을 걸고 실을 길게 끌어낸다.

3 한 번 더 바늘 끝에 실을 걸어 고리 2개를 빼낸다(빼낸 상태를 미완성의 한길긴뜨기 앞걸어뜨기라고 한다). 같은 동작을 한 번 더 반복한다.

4 한길긴뜨기 앞걸어뜨기 완성.

한길긴뜨기 뒤걸어뜨기

※ 왕복뜨기로 안면을 보며 뜰 때는 앞걸어뜨기를 뜬다.
※ 다른 기호일 때도 1의 화살표처럼 바늘을 넣고 지정된 기호를 뜬다.

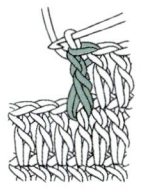 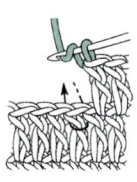 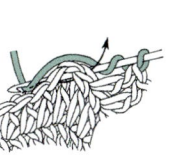 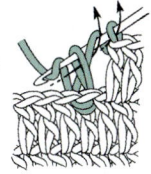 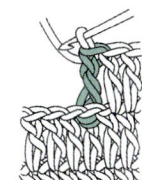

1 바늘 끝에 실을 걸고 앞단의 한길긴뜨기 다리에 화살표처럼 뒤쪽에서 바늘을 넣는다.

2 바늘 끝에 실을 걸고 화살표처럼 뜨개바탕의 뒤쪽으로 끌어낸다.

3 길게 실을 끌어낸 뒤 한 번 더 바늘 끝에 실을 걸어 고리 2개를 빼낸다(빼낸 상태를 미완성의 한길긴뜨기 뒤걸어뜨기라고 한다). 같은 동작을 한 번 더 반복한다.

4 한길긴뜨기 뒤걸어뜨기 완성.

배색무늬뜨기 뜨는 법 (실을 가로로 걸쳐서 뜨는 방법)

※ ●=한길긴뜨기일 때, ○=두길긴뜨기일 때

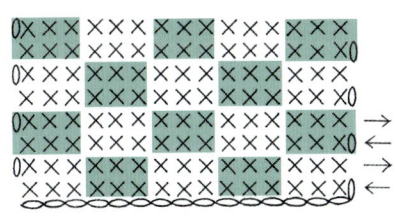 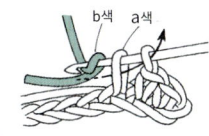  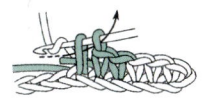

1 미완성의 짧은뜨기【●=미완성의 한길긴뜨기 ○=미완성의 두길긴뜨기】(p.77 참조)를 뜬 뒤 바늘에 배색실(b색)을 걸어서 빼낸다.

2 빼낸 모습. 계속해서 b색으로 뜨되, 바탕실(a색)과 b색의 실 끝을 감싸며 뜬다. 실 끝도 함께 감싸므로 실 정리는 하지 않아도 된다.

3 다시 a색으로 뜰 때는, 바로 앞의 짧은뜨기에서 1과 같은 방법으로 뜨개실을 바탕실(a색)로 바꾼다.

스레드 코드 뜨는 법

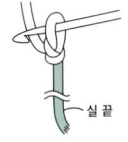 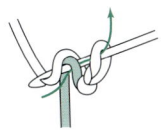 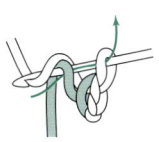 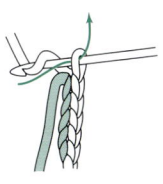

1 실 끝은 완성 사이즈의 약 3배 길이를 남겨두고 첫 코를 만든다(p.76 참조).

2 남긴 실 끝을 앞에서 뒤로 건 뒤 다른 한쪽의 뜨개실을 바늘에 걸어 빼낸다.

3 2를 반복해서 필요한 콧수만큼 뜬다.

4 뜨기 끝부분은 실 끝을 걸지 않고 뜨개실만 바늘에 걸어 끌어낸다.

그 밖의 기초 index

콧수가 다른 경우의 휘감아 잇기 >> p.36

원서 Staff

북디자인
아베 유키코

촬영
고즈카 교코(작품·실 견본) 혼마 노부히코(프로세스)

스타일링
에나이 도모미

작품 디자인
이케가미 마이 엔도 히로미 오카 마리코 오카모토 게이코
가마타 에미코 가와이 마유미 chicorii 도요히데 간나

뜨는 법 해설·도안
나카무라 요코 마쓰오 유미코

프로세스 협력
가와이 마유미

뜨는 법 교열
도가와 가요

기획·편집
E&G크리에이츠 (나리타 아이루)

일본어판 발행인
하기와라 다카시

재료 제공
하마나카 주식회사   http://www.hamanaka.co.jp
요코타 주식회사·DARUMA   http://www.daruma-ito.co.jp

KUMIAWASEGA TANOSHII! KAGIHARIAMI NO PATCHWORK CROCHE
by Apple mints
ⓒ Apple mints 2022, Printed in Japan
Korean translation copyright ⓒ 2023 by mafia single house
First published in Japan by Apple mints
Korean translation rights arranged with E&G CREATES
through Imprima Korea Agency.

이 책의 한국어판 저작권은 Imprima Korea Agency를 통해
E&G CREATES와의 독점계약으로 마피아싱글하우스에 있습니다.
저작권법에 의해 한국 내에서 보호를 받는 저작물이므로 무단전재와
무단복제를 금합니다.

• Point Lesson에서는 알아보기 쉽도록 실의 색상을 바꾸어
  사진으로 과정 설명을 합니다.
• 인쇄물이므로 실의 색상이 표시한 색 번호와 다소 다를 수 있습니다.

값은 표지에 있습니다. 파본이나 잘못된 책은 구입한 곳에서 교환해드립니다.
이 책에 게재된 작품을 가정에서 즐기는 용도를 제외한 상용 목적의 복제를
금합니다. 어떠한 경우라도 매장이나 온라인 판매 사이트, 바자회 등에서
판매하는 것을 금합니다. 이 책을 무단 복제, 전재 (디지털화 포함) 및
부분적으로 복사, 스캔하는 것은 금지되어 있습니다.

조합이 즐겁다!
코바늘 뜨개질의 패치워크 크로셰

2024년 1월 15일 초판 1쇄 발행
2025년 4월 15일 초판 3쇄 발행

지은이 | 애플민츠
발행인 | 신재은
옮긴이 | 김수연
감수 | 최정민

발행처 | 마피아싱글하우스
출판등록 | 2014년 4월 23일 (제2014-000077호)

주소 | 서울특별시 동작구 동작대로35길 67 1F
전화 | (02) 579-2877
팩스 | (02) 6008-9915
홈페이지 | www.mafiasinglehouse.com
인스타그램 | @mafia_single_house
ISBN 979-11-958488-9-8 (13630)